塑造女性完美体形

（第3版）

［美］布拉德·舍恩菲尔德 著
王会儒　主译

河南科学技术出版社
·郑州·

图书在版编目（CIP）数据

塑造女性完美体形：第3版 / (美) 布拉德·舍恩菲尔德著；王会儒主译. —郑州：河南科学技术出版社，2017.2（2023.3重印）

ISBN 978-7-5349-8260-6

Ⅰ.①塑… Ⅱ.①布… ②王… Ⅲ.①女性—健身运动 Ⅳ.①G831.3

中国版本图书馆CIP数据核字（2016）第263235号

出版发行：河南科学技术出版社

地址：郑州市经五路 66 号　邮编：450002

电话：（0371）65788673 65788870

策划编辑：马艳茹　李　林

责任编辑：李　林　李明辉

责任校对：崔春娟

封面设计：张　伟

责任印制：朱　飞

印　　刷：三河市同力彩印有限公司

经　　销：全国新华书店

幅面尺寸：215 mm × 275 mm　　印张：15　　字数：211 千字

版　　次：2023 年 3 月第 2 次印刷

定　　价：298.00 元

如发现印、装质量问题，影响阅读，请与出版社联系并调换。

此书献给我的哥哥——格伦。他开阔了我的眼界，把我带到健身的世界。他的引导、勉励和无限的耐心激发了我的潜能，让我达到我的极限。对于这点，我终生感恩。

参译人员名单

主　　译　王会儒

参译人员（按姓氏笔画排序）

王　铁　王亚洲　王会儒　卢煌莹
白佳润　李洁如　侯敷法　徐厚朴

前言

当我坐下来写这本书的时候，都有些不敢相信距出版第 1 版《塑造女性完美体形》已经将近十年了。出版有关高能训练法书籍的想法最早萌发于 1997 年的春天。当时，高能训练法已经被各行各业的客户采用了许多年，并且得到了巨大的成功，效果显著，以至于激励我要将这些方案规范化，让任何一个有恒心的人都能按照这套系统塑造出苗条、健美的身材。

我写这本书的原因非常简单：作为一个健身教练，我只能和有限的客户 [在我的健身房——位于纽约州斯卡斯代尔女性私人培训中心（personal training center for women）的客户] 分享我的锻炼方法。我发现如果想和更多的人分享它，把它写出来并出版不失为一种好办法。于是，我便着笔开始了写作。一年半以后，第 1 版《塑造女性完美体形》上架了。

迄今为止，前两版共出售超过 100 000 本了，并且被翻译成六种语言。《塑造女性完美体形》是健身类书籍的畅销书，在媒体界好评如潮，得到健身行业精英的拥护，并且被广泛地认为是女性塑形的最终指南。尽管这样的结果已使我大喜过望，不过我最大的喜悦还是来自读者的长长的信件和邮件，她们告诉我这本书给她们的感情、思想和身体各方面带来了巨大的改变。这种反馈使作为一个教练和健身教育者的我很受鼓舞。

我非常高兴展现第 3 版《塑造女性完美体形》，第 3 版在前两版的基础上进行了扩增和改进，包括以下几处值得注意的地方：

一、塑形动作查询表的内容得到了扩充，其涵盖了书中所有的训练项目、不同训练项目的设备名称（器械、哑铃 / 杠铃、拉力绳 / 健身球……）。

二、每项锻炼项目都经再次审定，以确保其符合当前的实践与研究。训练领域在不断地发展变化，而此版本走在训练科学领域的最前沿，力求以安全有效的方式帮您达到最佳的训练效果。

三、附录中有详细的锻炼计划表，可以记录您每日的训练量，包括您所锻炼的项目、组数、次数，并且留有充足的空间来记录您的训练质量。同时，塑形评估表能让您注意到有待改善的身体部位。为了方便回顾，两个表格前后放置，排版在同一对开页面中。以此，可以监测您的训练进度进而依据有力的数据对您的常规训练量进行调整，而不是仅仅凭着猜想。

我确信，在新版的《塑造女性完美体形》一书中，您会找到所需要的所有信息和方法来塑造您最佳的体形。事实上，我认为，如果按照书中提到的训练项目去做，您会同那些成千上万采用我的训练方法的人一样，身体和生活将会发生惊人的变化，并且这些变化将伴随您的一生。

祝好！

布拉德 · 舍恩菲尔德

致谢

致 Bob Silverstein：您的勤奋、耐心及建议使这本书得以完成。您不仅是一个了不起的代理，还是一个真正的朋友。

致 Martin Barnard：在其他人拒绝的时候看到了这本书的潜力并且愿意赌一把。

致 Jason Muzinic：为第 3 版提供了所需的知识和材料。您的专业知识对完成本书的贡献是不可估量的。

致 Laurel Plotzke：管理本书的整体进程并汇总使其完成。非常感谢您的努力！

致 Doug Fink：您真的非常专业，没有您这本书是不完整的！

致 Patty Lehn：您为本书做了很多宣传工作，非常荣幸跟您合作。

致我的父母：支持我追逐我的梦想。你们在我需要的时候都在我的身边，我所有的言语都不足以表达我对你们的爱。

致我所有的客户：在女性私人教练中心，不论是以前的还是现在的客户，你们帮助我完善了这套高能健身锻炼法 。

致所有在女性私人教练中心的教练：不论是过去还是现在的——帮我把这套高能健身训练方法交给一群女性并给我追求其他道路的自由。

致 Gina Giuliano, Amy Tutera, Clarissa Chueire, Anastasia Schepis, Linda Giulanti, Jackie Roberts, Michelle Gabriele, Cindy Goldmintz，Jane Imburgia：谢谢你们的配合，使得拍摄进行得非常顺利。非常感谢你们的职业精神。

致 Joe Weider：帮助使健身成为主流，并且在早年开阔我的知识面。

致 Kiana Tom, Debbie Kruck, Laurie Donnell, Carol Semple-Marzetta, Donna Richardson, Lovenia Tuley, Michelle Ralabate, Lori Ann Lloyd, Shannon Meteraud, Rikki Rife, Tina Jo Bagne, Karen Hulse, Michelle Bellini 以及其他采用了高能健身锻炼法的模特们。

致 Janet DeRico：您是健身动力的源泉。

致我美丽的女友 Saas：我的真爱，在我需要的时候一直陪伴在我身边。

写在前面

您即将开始前往身体塑形的天堂，一个可以把体能练到巅峰的地方。但是路途漫漫，多有波折，走起来并不容易。尽管如此，只要有决心、有恒心、有耐心，愿意付出汗水和辛苦，就可以成功。

运动是讲究科学的。人体是世界上最复杂的机器，设计一套锻炼计划需要考虑许多方面。

女性身体锻炼尤其复杂。性别的原因会影响许多女性的锻炼进程，男性则不存在这些问题。

● 女性分泌的雄激素很少。雄激素是由男性睾丸分泌的，而女性卵巢也可分泌少量雄激素。它有两个主要功能。

一、雄激素可以使人具有雄性特征，如使肌肉发达，生长出面部和身体其他部位的毛发，秃头，声音深沉，等等。

二、雄激素具有合成代谢的作用。通过一个复杂的过程，雄激素在细胞水平和肌肉组织反应促进蛋白质合成——激发肌肉生长的主要刺激。因此，雄激素和肌肉增长的关系成正比：人体分泌的雄激素越多，就越能增加肌肉。但是，女性平均分泌的雄激素约是男性分泌雄激素的 1/10。显然，这会大大增加女性锻炼的难度。

● 女性更易于储存脂肪。不管您喜不喜欢，女性都是更容易变胖的那个性别。通常，女性身上携带的脂肪是男性的两倍。这是由于脂肪细胞内受体的分布不同造成的。受体就像两道大门一样，控制脂肪进出脂肪细胞。人体有两种基本的脂肪受体：α 受体和 β 受体。α 受体是“入口”，可以让脂肪进入脂肪细胞并长期储存，而 β 受体是“出口”，可以让脂肪离开脂肪细胞从而燃烧供能。研究表明，个别脂肪细胞，尤其是那些分部在女性下肢的，α 受体所占的百分比要比 β 受体高（据一些人估算，最高可达 6：1），所以它们更加易于囤积脂肪。更糟的是，由于雌激素的缘故，女性要遭受双重困难。在它众多的用途中，雌激素和脂肪的储存有着密切的关系。具体点说，它对脂蛋白脂肪酶局域性的影响，脂蛋白脂肪酶负责向身体发出储存脂肪的信号。在下肢的脂肪细胞里，雌激素刺激脂蛋白脂肪酶，使脂肪积累。而在上肢，雌激素却有着完全相反的作用，它抑制脂蛋白脂肪酶的活性进而阻碍脂肪的储存。这种局部反应使脂肪离开上肢，储存于臀部和大腿，使女性更加丰满。

● 女性激素水平受月经周期的影响。月经周期对女性的情绪和自我感觉影响很大。许多女性在月经来潮的时候会伴有腹痛、恶心和疲劳，甚至有些女性会出现急躁和抑郁。经期前女性身体保留大量的水分并喜食甜食，这些会造成暂时性的增重和水肿。这些症状对女性的身心都不利，因此这段时期的锻炼会变得非常困难。

● 女性怀孕对身体结构会有影响。怀孕期间，女性身体会为分娩做准备。有些部位会扩张，有些部位会拉伸，还有些部位会下垂。总体来说，身体脂肪储存水平会升高。脂肪是重要的能量来源，它供给胎儿营养，以及促进胎儿器官、血液和骨骼的生长和成熟。为了维持这额外的能量需要，身体会尽量调动起全身的脂肪。身体会分泌孕激素，这种激素会刺激食欲。孕激素在整个妊娠过程中都会保持较高的水平，以保证孕妇有强烈的食欲。另外，脂肪细胞也会迅速增生。身体增加了成千上万的脂肪细胞，大部分分布在下肢。而甲状腺的功能会减弱，导致身体代谢显著变慢。这些因素产后仍会继续，从而影响女性塑形的能力。

● 女性通常都在意自己的体形。大部分男性对自己的身材感觉良好，面对镜子非常相信，认为自己减掉几千克就可以竞争健美先生了。女性则不然，她们通常对自己的身材认识有偏差，从镜子里看到的自己比实际偏胖。有些顶尖的健身模特哪怕比比赛标准重了 0.5 千克都不会穿泳装去海边。从心理学的角度来看，这种想法是很不健康的，而且会引起精神症状，进一步导致饮食不规律或者锻炼过度（其危害会在书中讨论）。

● 女性经常被体力活和与力量有关的活动所吓倒。就在不久以前，女性举重被视为禁忌。健身房被认为是充满男人的阴暗、肮脏、地下室般的俱乐部。大部分女性视健身房为被一群“有肉无脑”占据的破烂、充满汗臭味的地牢。当时没有认识到健身对于女性的益处；举重被认为是只对锻炼大块儿肌肉有用，而对其他毫无益处。以前普遍性地认为举重会让人变得不女性化，身材会变得五大三粗。尽管这个观点正在慢慢改变，但是还有很多女性因为这种缘故而迟迟不参与高强度体力活动。如果没有高强度的锻炼就没有傲人的身材。

说了这么多影响塑形的因素，您是不是在怀疑达到理想身材的可能性？不要担心，只要您遵行我的高能锻炼法——一套充满动力的、可以让肌肉结实和脂肪减少的锻炼方法，就可以达到塑形目标。我指导训练过四十、五十、六十、七十岁的女性，她们的身材、外貌都有了明显改善。如果您按照我所教的去做，您也一样可以做到。

塑形是我整套锻炼方法的核心。简单来说，塑形就是使您拥有良好的体能和体形。把每块肌肉想成一团橡皮泥，而您就是雕塑师，可以随意将这些肌肉捏成各种形状。您可以在这里添一点儿，那里减一点儿，随心所欲地打造您的外形。不论您是想瘦身，还是想增加体能，您的身体就掌握在自己手中；只要您努力，就一定有结果。

我喜欢用建房子来比喻塑形。一个建筑师建房子的时候一定是先打好根基。房子立在根基上，如果根基不牢固，房子就会垮掉。然后，建筑师要搭好架子。架子搭在根基上，用来支持地板和墙壁。建好墙壁和屋顶，建筑物才渐渐有了形状。最后建筑师可以修改一些细节，如大理石瓷砖、整面墙的镜子，为房子添上最后一笔。而房子的主人，则可以根据自己的判断和喜好对房子进行改善。

塑形和建房子很相似。首先，要打好肌肉的基础（身体调节期）。这样会加固结缔组织和增加关节的力量，这也是高强度锻炼所应具有的前提。然后才可以通过锻炼肌肉开始塑形，您的身体曲线开始变得美好。最后对身体细节进行微调，如增大肱二头肌或者让大腿内侧更加结实（针对性塑形期）。这个阶段是塑形成为一门艺术的时期！

除了能够让肌肉有形，高能锻炼法还能带来一种现象——运动后过量氧耗（EPOC）。EPOC 是指一次健身完毕后身体加速燃烧热量。这个消耗率远高过身体静态时的热量消耗，而且锻炼得越猛烈，EPOC 的效果就越强烈。我可以肯定地告诉您，高能锻炼非常猛烈！

EPOC 是身体恢复平衡的方式。氧耗是主要的机制。运动的时候，大量的能量被消耗，如 ATP（腺苷三磷酸）。恢复这些被消耗掉的能量，需要增加氧气的消耗量。而氧气的消耗直接导致脂肪的燃烧。研究发现，剧烈运动后消耗的热量至少增长 13%，对代谢的影响长达 16 小时。

为达到最佳效果，我强烈建议在健身房进行这套锻炼方法，最好是有许多不同健身器材的健身房。就像建筑师会用许多工具造房子，您也可以从使用不同的健身器材塑形中受益。尽管建筑师只用锤和锯也可以建造一座房子，但是很明显这样做会非常繁重。不仅最后的成品质量会打折扣，而且会比用齐全工具建房的建筑师花费更多时间。同样，如果健身器材有限，锻炼计划的选项就有限，必然会延缓或者限制您的进程。

尽管如此，因为价钱、便利及舒适的原因，仍有一些女性比较愿意在家里锻炼。因此，本书也为许多健身房锻炼提供了家庭版本。如果您选择在家里锻炼，需要用到以下器材：

- 哑铃：哑铃是家庭健身所必需的器材。您可能需要一对 1 千克、1.5 千克、2.5 千克、4 千克、5 千克、6 千克、7.5 千克和 10 千克的哑铃。根据您的力量水平，有可能需要更多的哑铃。
- 脚踝加重带：脚踝加重带为无器械健身动作提供了更多的阻力。我可以使用 5 千克的脚踝加重带，您可以根据自己的力量水平选择，必要时可再增加一组。
- 拉力带：拉力带是用来模拟拉力器的。因为拥有特有的力量曲线，使它们成为无重量训练的最佳辅助器材。
- 健身长凳：为了能规范地做许多动作，您需要用到可调节的健身长凳。您可以调节斜坡的高度以完成各种动作并从多个角度锻炼肌肉。

在针对塑形的章节中（第六至十四章），为了完善在家中健身而特别增加的训练，提供了锻炼目标肌肉所需要的动作及弥补器械锻炼的时间。塑形动作查询表在书末，里面包括每个动作所需要的器械。

高能锻炼法可以帮助您健身成功。但是切记，这种锻炼方法不是通往塑形殿堂的一条捷径。正好相反，它需要严格刻苦、持之以恒的锻炼才能够达到理想中的目标。通常坚持严格锻炼一个月以后就可以在身上看到明显变化。您会感到身体紧凑、衣服越来越合身。在接下来的几个月中，脂肪会慢慢被消耗，取而代之的是有力、紧凑的肌肉。在您意识到之前，就已开始享受到健身附带的许多好处，如力量增强、姿态改善、活力增高、压力减少，当然还有棒棒的身体！

目录

第一章

塑形基本知识

在开始这场漫漫的健身征途和本书所讲的高能健身法之前，先要熟悉一下在实践中会用到的重要概念和技巧。

确立目标

为了在这套健身系统中获得最好的塑形效果，应该确立一些能够督促自己锻炼的短期目标。大部分女人在确立健身计划后都有满心的期待和热情。最初，她们都渴望到健身房去，参加一些有强度的锻炼项目。但是不久之后，她们就会对锻炼失去兴趣，这很可能是挫折造成的。而且个人问题、不舒服的感觉、缺乏耐心和其他很多因素也会使健身的激情衰退。

确定目标是保持锻炼热情的最好方法之一。如果带着清晰明确的目标去锻炼，就很有可能坚持下去，甚至渴望去练习。当然，每个人都有不想锻炼的时候。疾病和家庭危机等也会在短期内影响一个人，减弱她们对健身的热情。可如果有一个很重要并且适当的目标，人们会很快重回正轨，继续锻炼。

设定的目标一定要可计量、可实现。不满足这两个条件的目标是不确切的，通常很难实现。

一个明确的目标，必须有可供计量的参数。例如，3 个月减 10 千克就是一个可计量的目标，可以通过称体重来检测是否成功完成任务。数值就体现在减掉的体重上。其他可计量目标的例子还包括 1 个月内腰围小 5 厘米或者 6 周内裙子小一码。与之相反，想要看起来很棒可不是一个可计量的目标。这种目标太主观，也无法通过具体标准来衡量。这样的目标会让您感到失望和挫败。

一个可以实现的目标，还必须现实。例如，3 个月减 10 千克就是个可以实现的目标。而 3 个月减 45 千克显然是不可能实现的目标。如果一个目标不可实现，会对健身热情产生负面影响，会让您感到全部的努力都毫无意义。因此，设定一些看起来能够达到的目标会更好一些，当您实现它们的时候心中会充满成就感，这将激励您向更高的目标迈进。

有一些方法有助于实现目标，并且维持锻炼热情，可视化就是其中一个方法。找一张图片，上面的人物拥有您梦寐以求的身材；设想您有着完美的身材，穿着比基尼走在海滩上，或者，在聚会上穿着性感的裙子。您可能会想到一位体形令您羡慕的女性，并且您还会设想您拥有她那样的好身材。让想象力成为您锻炼的内在动力。另外，在合理范围之内，尽可能做您想做的，别给自己设定界限。

如果您觉得用想象力鼓舞自己有点难，那就找一张您觉得自己看起来很棒的图片，把它粘在冰箱上，或者放在梳妆台上。锻炼过程中，您会感觉自己像在打一场战争，与成功渐行渐远，这是正常的。有了一张实际的照片，您就会坚定信念：我有潜力，看起来很棒！每当看到这张图片，它就会提醒您，您有这种潜能。如果您坚持跟着书中所说的去做，很快就会变得更完美。

简而言之，想想什么能激励您，让它鼓励您追求您想在这套健身法中追求的东西，为了不让激情随时间退去，您得渴望追求些什么。没有一个确切的目标，您就不会有完成那些必须完成任务的理由。给自己一个前进的动力，利用好每一个对您有意义、可以激励您的东西。这有助于您终身保持好身材。

一旦您实现了一个目标，应该马上设立新的目标，新目标最好能涵盖您的锻炼任务，这能让您在锻炼中保持专注，也可保证您对锻炼的兴趣。您应该对目标做阶段性的回顾，以确保它们和您当下的情况一致。随着锻炼过程的进行，您可能会经常改变目标。对自己的锻炼状况重新评估，有助于完成锻炼计划。

建立“意识－肌肉”联系

不同于当下流行的观念，负重锻炼不仅需要身体上的努力，还需要精神上的支持。精神集中和重视，既能充分地提升锻炼效果，又能降低受伤风险。事实上，两个完成相同锻炼计划的人，会因为锻炼过程中精神专注度的不同而获得完全不同的效果。

实质上，意识和肌肉的联系就是形象化地感受肌肉在锻炼过程中的一系列运动。您要想着您应该在哪儿感受到肌肉刺激，而不是想着您在哪儿感受到了这种刺激。对大多数人来说有点抽象，起初，它与锻炼的关联也可能不太明显。

但是，在意识能够和肌肉建立起联系之前，您的锻炼效果会受到很大限制。

大部分锻炼者都相信重量锻炼就是把重物从 A 举到 B 的过程。不幸的是，尽管很多人的动作看起来是符合标准的，他们却没能对目标肌肉进行足够的刺激。例如，在高拉机下拉动作中（第 59~61 页），锻炼者通常能感受到肱二头肌和小臂的收缩。因为在这个运动过程中，是肱二头肌和小臂带动了重物的运动，胳膊必然感受到了运动过程中的力。因此，倘若没有意识对肌肉的感应，锻炼者就会趋向于用她的手臂而非想要锻炼的背部来发力。很明显，这会降低锻炼的效果。

为了最大限度地感受肌肉的紧张，一定要有意识地想象要锻炼的肌肉，专门用那部分肌肉来做动作。做到全身心的投入，摒弃内心的杂念。每做完一组动作、每一次重复时，目标肌群都必须保持紧张，确保通过它的发力来做动作。

仍以高拉机下拉为例，在这个动作中，全部注意力都应该放在想要塑造得完美的背部。因此，一定要通过后背的目标肌群发力做动作，不要依靠辅助肌群。当把高拉锻炼器的直杆拉至最低时，尽量向内收紧肩胛，这样就会明显感觉到背阔肌、斜方肌中部和菱形肌的收缩。

随着锻炼重量的增加，背部肌肉会对抗重量带来的拉力。锻炼者常常只注意发力动作却在回复动作中随意让器械自由下落。这样不仅会使肌肉放松、影响锻炼效果，还会在很大程度上增加受伤的风险。在做动作的同时，时刻保持对肌肉的控制才能收获最理想的锻炼效果。

随着回到高拉机下拉动作的初始位置，锻炼者会明显感受到背阔肌的伸展。此时，不要停留或者犹豫，接着重复这一个动作。集中精力，通过这种方式，使后背承受主要的力量，给这个部位的肌肉最大限度的刺激。

了解肌肉

在开始锻炼前，有必要学习人体解剖学的知识，特别是要注意主要肌肉知识的学习。

通常，人们只关心如何锻炼，认为没有必要知道肌肉的名字、位置。这种做法目光短浅，会使长期的努力最终功亏一篑。花时间了解自己身体的肌肉能够十分有效地帮助身体塑形，避免犯一些锻炼中常见的错误。

学习肌肉知识有助于在锻炼中想象每一块肌肉的状态。当脑海中有了要锻炼肌肉的样子，意识与肌肉的联系将显著增强。建立了“意识 – 肌肉”联系，在锻炼的时候可以不借助辅助肌群而单独对目标肌群进行锻炼。如果没有人体解剖学知识，就会很难建立满意的“意识 – 肌肉”联系，也无法发挥最大的锻炼潜能。

学习肌肉知识有助于提升锻炼技巧。了解了肌肉解剖，您就更能明白各种锻炼的作用和意义。一旦明白重量锻炼的原理，就能把知识运用到练习中去。了解锻炼必须要对应的目标肌群能让您感受到自己的变化。

学习肌肉知识有助于增强对肌肉的控制。通常用力大时，肌肉更紧张一些。肌肉紧张感是塑形的基本要素之一，保证对肌肉的控制能增强锻炼效果。对之后学习更高级的健身动作也很重要。

学习肌肉知识有助于提升评估自己体形的能力。您懂得的肌肉解剖知识越多，对自己的身体也就越了解。您会开始注意自己的肌肉（很可能还有别人的），了解这些肌肉在每一个动作中发挥什么作用。您能够对自己的体形做出适当的评判，也清楚如果要达到最理想的状态，自己哪部分肌肉还需要进一步锻炼。

人体总共有几百块肌肉，脸、脖子、躯干、腿和脚都含有肌肉。深入学习这些是一项艰巨的任务，而您只需要对肌肉稍做了解即可。

您要学习的绝大部分是健美展示肌肉。这些肌肉可以比较明显地改变您的体形，塑造完美身材。健身协会把展示肌肉大体分为九大类，每一类都包含很多独立的肌肉。例如，背部肌群包括背阔肌、菱形肌、大圆肌、斜方肌和竖脊肌等。独立的肌肉构成了主要肌群的亚类。

表 1–1 塑形健身方面最有影响的肌肉

主要肌群	独立的肌肉				
胸部	胸大肌	胸小肌			
背部	大圆肌	背阔肌	菱形肌	斜方肌	竖脊肌
肩膀	三角肌前束	三角肌中束	三角肌后束		
二头肌	肱二头肌	肱肌			
三头肌	肱三头肌				
四头肌	股直肌	股外肌	股内肌		
股后肌和臀大肌	半腱肌	半膜肌	股二头肌	臀大肌	
小腿	腓肠肌	比目鱼肌			
腹	腹直肌	腹斜肌			

表 1-1 列出了塑形健身方面最有影响的肌肉。为了显得简单清晰，并没有把人体更细微的肌肉列入表格。这些小肌肉往往仅对主要的肌肉起辅助和支撑的作用。它们在锻炼中会受到直接或者间接的刺激，这也会使它们获得锻炼。除非您在准备健美比赛；否则，这些小肌肉在整个塑形健身计划中并没有太大影响，没有必要去

特意锻炼它们。

学习身体的各部分肌肉知识是一件复杂的事情。不过不要担心肌肉方面的术语或者纠结如何把它们记下来。在健身中，您只需要知道这些独立的肌肉分属于哪个肌群，以及它们在您身体的位置就可以了。

图 1–1 和图 1–2 标明了这些肌肉的位置。您应该了解这些肌肉，在锻炼它们的时候努力设想其状态。例如，肱三头肌有三个头，在上臂后面延伸（随着年龄的增长，女性的这个部位会变得松弛），和肱二头肌相对。如果肱三头肌锻炼得很好，它的形状会有点像马蹄铁，而且可以让上臂看起来很结实。这样不断地设想可以增强意识与肌肉的联系，帮您塑造理想身材。

复合动作和独立动作

如果您想高效地完成这套锻炼计划，首先要明白复合动作（compound movement）和独立动作（isolation movement）。在重量锻炼中，这是两种常用的锻炼方式。它们有各自的特点，也为您的健身塑形提供了不同的选择。

一般来讲，复合动作包括两个关节的运动，而独立动作只有一个关节参与。因此，完成一个复合动作需要辅助肌群的支持。例如，奥林匹克提举就需要几乎全身的主要肌群参与才能完成。

与复合动作相反，独立动作可以锻炼特定的部位或者肌肉，除第二肌群（secondary muscles）。不过因为只涉及一个关节的运动，所以辅助肌群在锻炼过程中参与得较少。

深蹲（squat）（第 130 页）就是一个复合动作，膝关节和臀部都要弯曲，它们共同参与了这个动作。比较起来，双腿伸展（leg extension）（第 135 页）就是一个只有膝关节参与的独立动作。尽管这两种动作都能够刺激股四头肌，但它们对下肢其他部位的刺激是截然不同的。深蹲动作需要股四头肌的参与，还能在很大程度上刺激臀肌和腘绳肌。实际上，整个下肢在这个动作中都能得到锻炼（为了保持平衡和稳定，上身的很多肌肉也会参与）。双腿伸展能锻炼股四头肌，特别是股肌。而对臀肌和腘绳肌没有什么刺激。了解复合、独立动作对确定锻炼目标有很大的帮助。

1. 复合动作应该在健身计划中占主导地位。它让您有匀称的身材，这是独立动作很难做到的。复合动作贯穿整个锻炼计划，但在锻炼初期尤为重要，因为这是全身锻炼的重要时期。复合动作的好处有：

（1）它可以强化结缔组织，辅助肌肉锻炼。如果结缔组织比它连接的肌肉还弱，在练习中就很可能出现韧带损伤，如拉伤、撕裂和肌腱炎等问题。结缔组织与肌肉紧密连接，如果想达到更高的锻炼层次，其一定要足够强。

（2）它能刺激很多小肌肉，这是独立动作无法做到的。这些肌肉在复合动作中发挥作用，有助于塑造大肌群，而且它们还能使体形看起来更完美。

（3）它提供了一种高效的锻炼方式。在一个复合动作中能够锻炼很多不同的肌

斜方肌
锁骨处的
胸大肌
三角肌前束
三角肌中束
胸骨处的
胸大肌
肱二头肌
前锯肌
腹直肌
腹内斜肌（在
腹外斜肌深面）
腹外斜肌
股直肌
股外侧肌
股内侧肌
腓肠肌
比目鱼肌

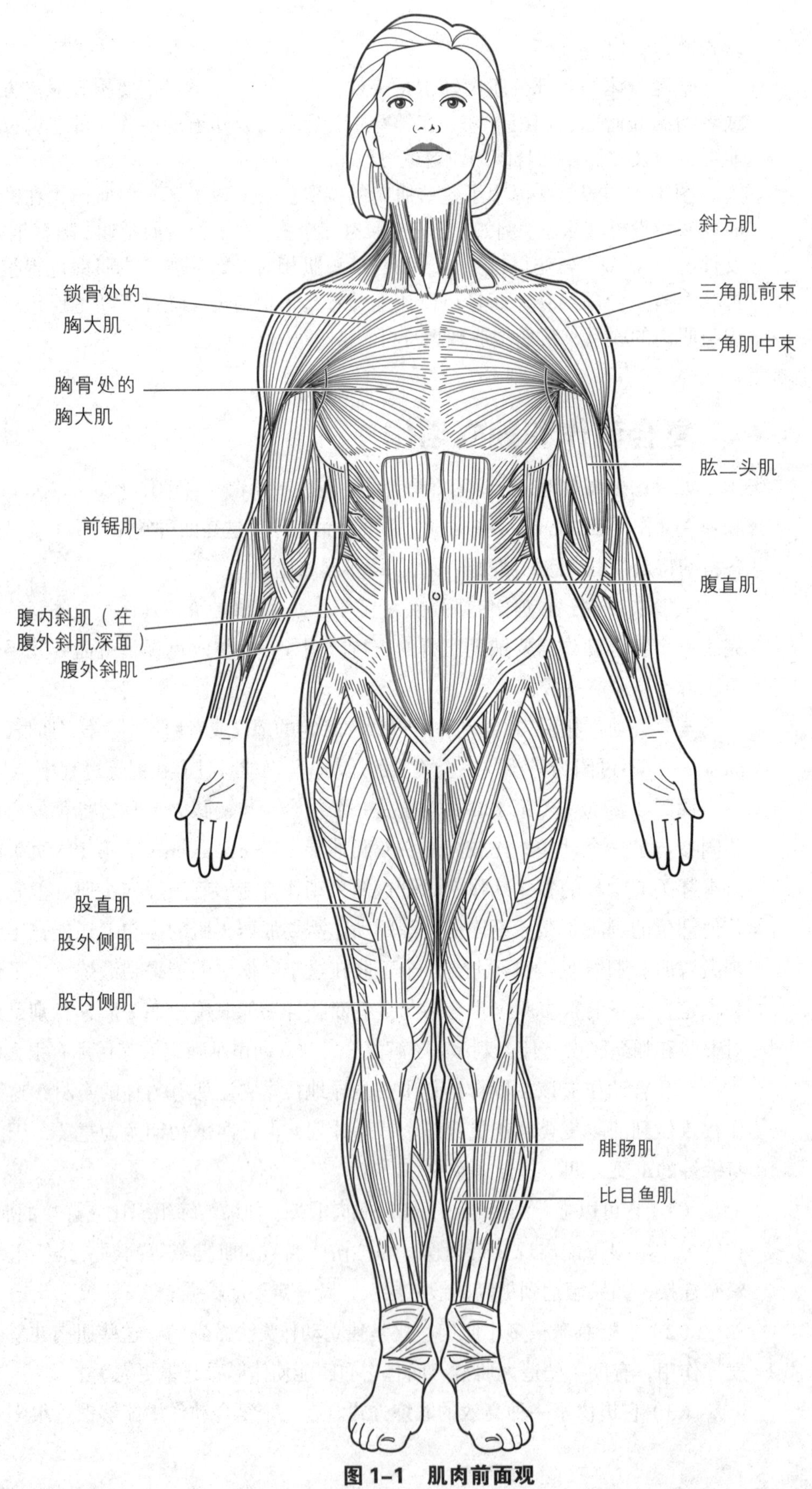

图 1-1　肌肉前面观

三角肌后束
大圆肌
肱三头肌外侧头
肱三头肌长头
臀大肌
菱形肌（位于斜方肌中部深面）
斜方肌中束
背阔肌
斜方肌下束
竖脊肌（位于背阔肌深面）
股二头肌
半腱肌
半膜肌
腘绳肌

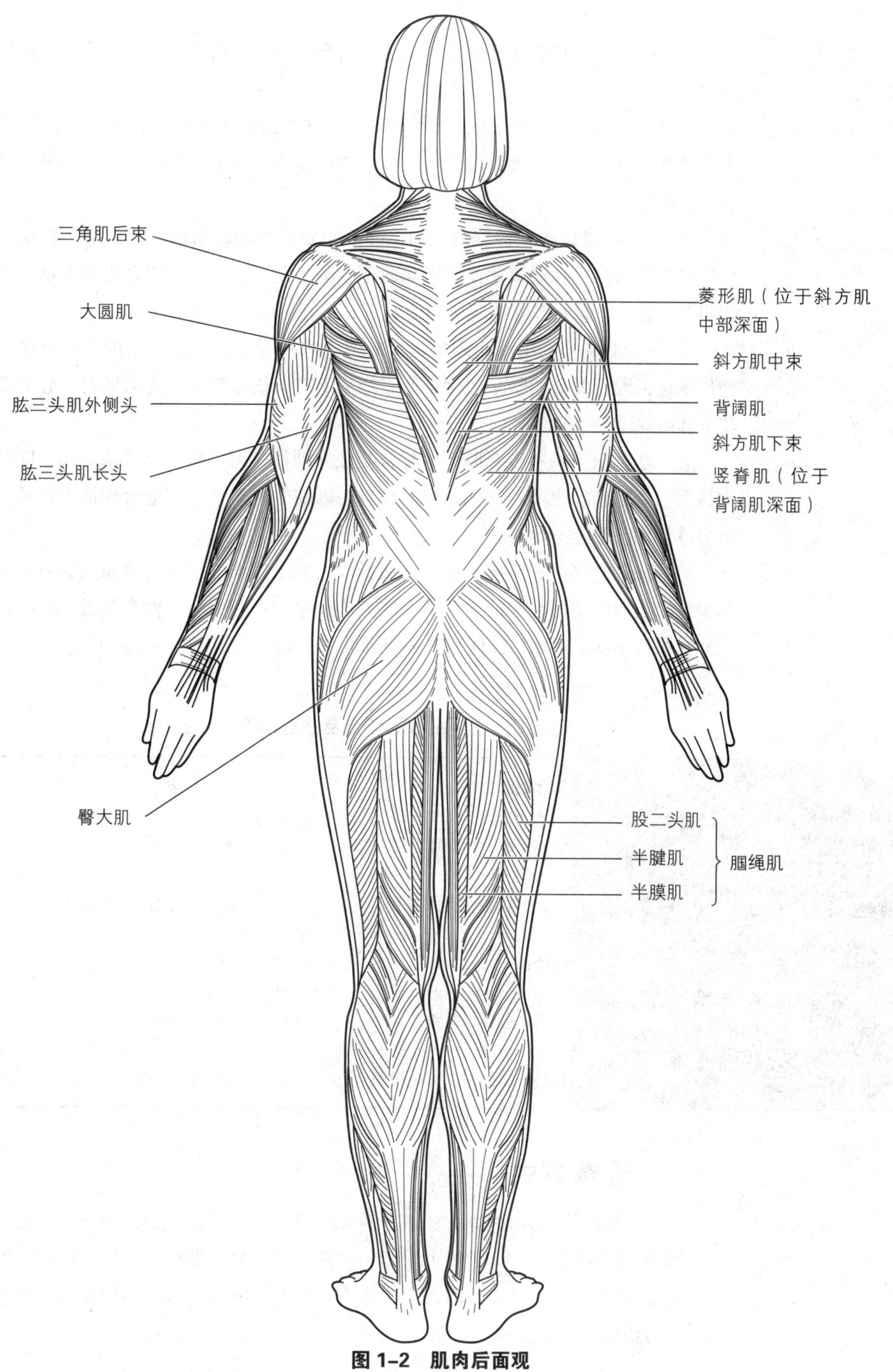

图 1-2　肌肉后面观

肉，这样健身的总组数就可以相对减少。当您的时间有限时，选择复合动作既能达到锻炼目的，还能节约时间。

2. 独立动作可以用来锻炼特定的肌肉。它需要的锻炼重量相对于复合动作要稍轻一些。由于辅助肌群并不起很大作用，所以目标肌群就要承担绝大部分重量。当然，独立动作也有很多好处：

（1）您可以只锻炼特定的肌肉，而不需要锻炼辅助肌群。锻炼某个特定部位往往受肌肉在身体的位置和锻炼动作的影响而不容易实现。然而，独立动作则能够专门锻炼特定的肌肉。因此，它对锻炼特定肌肉的效果非常好。

（2）独立动作对结缔组织的压力较复合动作少很多。因为它的锻炼重量一般比复合动作要轻，因而关节的紧张程度也低。当身上有旧伤或者运动受限制时，独立动作无疑是非常合适的。

表 1–2 列出了一些主要肌群的复合及独立动作。想象每一个锻炼动作，同时尝试理解为什么它是复合动作或者独立动作。一旦明晰其中的差别，就能合理搭配两种方法，组合出最适合自己的健身计划。

您应该注意到肱二头肌和肱三头肌并没有列入表格。因为这些肌肉只有一个关节的参与。肱二头肌的功能是弯曲肘关节；肱三头肌是伸展肘关节。而在刺激它们时，其他的关节通常保持不动。因此，任何肱二头肌和肱三头肌的动作都是独立动作。

表 1–2　主要肌群的复合及独立动作

肌群	复合动作	独立动作
胸部	坐姿推举、俯卧撑、臂屈伸	飞鸟、夹胸
背部	下拉、划船、引体向上	仰卧屈臂上提、单臂下拉
肩膀	肩膊推举、直立划船	平举
股四头肌	深蹲、弓步、腿举	伸展、踢腿、内收
腘绳肌和臀肌	杠铃压肩俯身、直推硬举	腿弯举、外展

锻炼方式

要采用不同的锻炼方法进行锻炼。可以用一句改述的谚语来形容：“变化才是锻炼的调味剂。”为了最大限度地发挥潜能，要将器械、哑铃、杠铃、滑轮和体重锻炼结合起来。每一种锻炼方法都有自己的优势与劣势。通过挑选、组合，可以尽可能地发挥优势，避免劣势。

器械：健身器械一般采用了气压、凸轮、链式连接等基本原理。器械能固定动作，迫使您保持标准的姿势。这样您就可以把精力集中于每一组锻炼，而不用考虑自己的动作是否到位。而且，好的锻炼器械能保护较弱的肌肉，同时锻炼较强的肌肉。这样能增强您的力量，提高您的塑形能力。不过，并不是所有的身体类型都适用于器械锻炼，这一点有待商榷。在使用器械进行锻炼时，无须太多技巧，所以也降低了受伤的风险。

哑铃和杠铃：哑铃和杠铃锻炼也叫作自由力量锻炼，可以有效提升肌肉的协调性和平衡性。这也大大增加了锻炼的自由度，所以您可以直接更准确地锻炼目标肌肉。而且，自由力量锻炼需要您保持哑铃、杠铃的稳定，所以第二肌群也会得到相应的锻炼。这可是好身材不可或缺的一部分。一般来讲，哑铃比杠铃效果要好。哑铃可以分别锻炼身体的两侧，因此身体两侧都可以受到同等的刺激。而使用杠铃时，身体较强壮的一侧就会协助较弱的一侧。此外，用哑铃动作自然、幅度更大。因此，尽可能使用哑铃锻炼，杠铃作为一个选择，可以增加一些变化。

滑轮：滑轮结合了自由力量锻炼和器械锻炼的优点。由于在发力和回复过程中都有阻力，所以能够持续刺激肌肉。而且由于滑轮能在三维空间运动，所以也可以很好地适应您的身体类型（和固定锻炼动作的器械锻炼相反）。不过滑轮并不适合做复合动作，这就限制了它在健身中的作用。

自重锻炼：自重锻炼就是用自己的而非额外的重量来进行锻炼。有的自重锻炼很简单（如卧姿踢腿和卧姿外展），有的很费力（如弓步走和俯卧撑），有的非常难（如反手引体向上和挺髋蹲）。尽管它的适用范围有限，但其和很多组动作（在后面就会学到）结合后效果会非常好。如果您不能去健身房，自重锻炼则提供了一个在短期内保持身材的好办法。这种锻炼简便高效，而且几乎不受任何场地的限制。

通过组合这些锻炼方式，您可以挑选很多动作组成不同的锻炼法。您要考虑可能性：仅仅通过组合您的健身器材，您就能掌握一种动作的很多种变化（如肱二头肌弯举）。例如，您可以做坐姿胸前弯举、滑轮弯举、单臂滑轮弯举、器械弯举、单臂器械弯举等。张大双眼，寻找无数组合，这样既能提升锻炼效果，又能保证新鲜度，避免厌倦。

安全防护措施

在锻炼过程中您应该准备一些基本的安全防护措施。

1. 在开始健身之前获得医疗许可。几乎每人每年都要进行健康检查。如果您年龄超过 45 岁，检查应该是强制性的。心脏疾病、高血压、手术史等很多因素都能影响到您的健身情况。高能健身法是一套高强度的锻炼方法，需要您付出很多努力。健康检查可以让医生指出您在健身运动方面有什么限制或者禁忌。如果您充分了解自己的身体状况，就可以调整这套锻炼方法以适应自己具体的情况。

2. 在锻炼中频繁喝水。把是否感到渴作为是否喝水的标准是错误的。高强度的锻炼抑制身体的渴感，等您感觉渴的时候，已经严重缺水了。因此，在锻炼中要提早喝水、频繁饮水。锻炼之前要喝下约 230 克水，在锻炼中每隔 15 分钟喝几小口水，根据自己的排汗情况来调整饮水量。一些具有兴奋作用的运动饮料在几小时的锻炼中并不能带来额外的作用。相反，运动饮料通常都是高热量的（主要成分是碳水化合物），还可能影响减肥塑形的效果。

3. 在重量锻炼中戴上举重腰带和手套。特别设计的举重腰带能防止您的腰背部承受过大的压力。腰背部参与很多动作，其又易于受伤，所以一定要注意保护。负重腰带能增大腹腔压力，这样就能给腰背部的肌肉一定的支持。尽管它并没有保证腰背部不受伤的作用，可是却有缓解腰部压力的效果，降低轻微病痛发生的可能。但是，在做腹部的锻炼时，您应该把腰带摘下来。因为此时腰带会妨碍对相应肌肉的刺激。锻炼中戴手套也是很重要的，手套能防止手掌生茧。

4. 学会区分酸痛和疼痛。“没有辛苦，哪来收获？”这句话几乎成为所有健身房中挥汗如雨的人们的口号。但这句话误导了大家。事实上，健身有一定强度，会让您感到暂时的肌肉不适。但您一定要分清楚，肌肉不适（健身中的自然现象）和肌肉疼痛（很可能是受伤）的差别。如果在锻炼中感到剧烈疼痛，应马上停止锻炼并去就医。如果您不确定哪里疼，可以先停止锻炼，等过两天感觉好了再重新开始。另外，如果在锻炼中感到头晕，通常休息一会儿可以缓解。但是如果一直头晕，就应暂停健身计划，并去就医。

第二章

热身与柔韧性

很多女性都忽略了热身的重要性。热身不太受人喜欢，也不会直接起到塑形健身的效果。有些女性不愿意做没有视觉效果的运动，她们往往无视热身，进入健身房后直接开始锻炼。而在时间紧张的时候，热身成为她们首先决定抛弃的部分。

但是，别搞错了！热身是健身中不可或缺的一部分。它能通过增加动作幅度、提高肌肉应答性、加快恢复、降低受伤风险来让身体做好高强度锻炼的准备。那些选择忽视它的人实际上提高了受伤的风险。

热身可分为两类：常规热身与特定热身。把它们结合起来，就可以为各种各样的锻炼做好准备。不管您的健身水平怎样，热身都要简单直接。因为热身的意义就是为高强度锻炼做准备，而不是挑战自我。所以高难的技巧和繁复的动作都是不必要的。

常规热身

最先开始的往往是常规热身。它的目的就是提高体温、促进血液循环。肌肉温度和健身效果有着直接的关系，一般来说，肌肉温度越高（当然要在安全的生理范围之内），肌肉收缩性就越好。简单来说，肌肉在完全的热身后可以有更大的力量，健身效果也就会更好。

热身使更多关节液流入（经由滑膜之间）关节腔，可以润滑关节。又因为体温上升，体液流动性降低，导致流动的阻力减小，从而可以增大运动幅度，提高关节周围的弹性。

开始常规热身的最好方式之一就是做一些轻度的有氧运动。实际上，任何有氧运动都是可以的，包括使用健身自行车、踏步机、跑步机。有的人喜欢通过各种各样的运动来避免厌倦，有的人却始终坚持一种热身动作。只要达到了热身的目的，两种方式都没问题。

不管您选择了什么运动，您都要保证是低强度的，只要稍微出汗就可以了。客观的衡量标准就是热身的时候心率大概是自己最大心率（220－年龄），根据这个标准可以调整自己的热身强度。试着保持一个稳定、平均的节奏。热身不可以不做，也不可以让自己在热身中或者之后感到疲惫。您的目标就是让肌肉热起来，让血液流动快一些，而并非是靠热身来塑形或者减肥。因此，如果您感到疲惫，那可能是热身太过了。此时应放缓速度，换一种更轻松的方式。

特定热身

在健身锻炼的后期（比如针对性的锻炼），在常规热身之外增加特定热身是十分有益的。特定热身要比常规热身效果更好。不仅在于它升高体温的效果更强，更是因为它能提高您在做特定动作时神经肌肉的效率。通过做一些和将要做的锻炼相似的动作，神经和肌肉相当于预习了一遍高强度锻炼。在高强度锻炼前做特定热身是很有必要的。

特定热身中的动作最好尽可能地和将要进行的锻炼动作相似。例如，如果您要练胸肌，仰卧推举或者俯卧撑就很合适。

拉伸和柔韧性

如果需要额外的柔韧性，就需要一些专门提高柔韧性的练习来增大动作幅度。再把常规的拉伸动作结合起来，那您的柔韧性简直不会有极限。通过坚持柔韧性锻炼，您可以在增强力量的同时保持很好的身体柔韧性。锻炼之后，您不仅会变得强壮，柔韧性还能得到提高。

当您拉伸时，做到肌肉微微紧张的程度就可以了——不要到十分疼的程度。如果您拉伸太过，身体就会向过度拉伸的肌肉释放神经冲动（也叫作拉伸反射），引起肌肉的收缩。这会使肌肉紧绷，起到反作用。只要慢慢拉伸，不做过头，您就能拉伸到比较舒服的程度，取得很好的效果。

恢复

和比较流行的观点相反，锻炼其实并不能强健肌肉，它破坏肌肉。有强度的锻炼能造成目标肌群微小的撕裂。休息的时候，您的身体开始愈合，肌肉又做好了重新锻炼的准备。没有休息，肌肉就不能恢复，身体就会锻炼过度。锻炼过度的症状包括失眠、疲惫、健身热情衰退、类感冒症状，消沉甚至受伤的频率也会增加。如果发生这种情况，您很难再有所收获，甚至反而会退步。

因为这套锻炼法是有强度的，充足的恢复有助于肌肉的修复，还能避免锻炼过度。大部分情况下，高能锻炼法1周锻炼3天比较合适。而且最好是不连续的3天（如周一、周三、周五），留下至少48小时让肌肉和神经系统进行恢复。

要“听身体的话”，根据自己的感觉对锻炼计划做出适当的调整。若是感到虚弱，不妨给自己多放一天的假。只要您坚持锻炼不间断，额外的一两天休息也不会影响您的健身效果，还能重新激发您的活力。如果有疑惑，过于谨慎也比冒险锻炼、过度锻炼好。

您应该拉伸整个身体，从下肢开始，到胳膊再到躯干。拉伸您所有的主要肌群，除了已经锻炼的或那天将要锻炼的。一定要特别注意那些一直感到很紧的地方，如腘绳肌、腰背部或者髋部屈肌。尽管每个肌群都要做一些简单的拉伸动作，但有伤或者其他因素的话，就一定要额外注意。如果不能确定，不妨多拉伸一会儿，让自己彻底放松。

拉伸的时间

拉伸的时间不像做拉伸那么重要。锻炼之前的拉伸和防止受伤之间没有太大关联。锻炼之前您可以拉伸所有的部位，但这并不会降低锻炼伤及肌肉或者相连组织的风险。这也不是说保持身体柔韧性对受伤来讲就一点也不重要，相反，这是很重要的。锻炼受伤和关节活动性差有很大关系，这可以通过锻炼柔韧性来避免。不过要记住，拉伸并不一定要成为热身的一部分，它什么时候都可以做。无论健身前、健身中还是健身后。

有一些证据表明，锻炼前拉伸会略微减弱锻炼时能发挥的最大力量。不过，除非您在做大重量的举重练习，否则不必太过在意。休息的时候也可以拉伸，这不会影响肌肉复原。重要的是，想保持关节的活动性，您要做一些无限制的、幅度大的动作。

还要记住，过度的活动性会降低稳定性。关节的活动度大，稳定性通常就差。因此，要使活动性和稳定性在动作中达到平衡。

胸部拉伸

保持站立的姿势，用右手抓住固定的物体，如锻炼器械的杆。手臂伸直并大致平行于地面。慢慢转身，使手臂在身后尽可能远处，在要求的时间内保持这个姿势。然后在左侧重复进行这个动作。

肱二头肌拉伸

保持站立的姿势，拳心向上伸出右手臂。将左手手掌放在右肘下面。慢慢地尽可能伸直右臂并使右肘向下压入左手掌。在要求的时间内保持这个姿势，然后在左侧重复进行这个动作。

背阔肌拉伸

保持站立的姿势，用双手抓住固定的物体，如锻炼器械的杆。屈膝并向后坐以使手臂完全伸开并且支撑自身重量。向右移动身体重心使身体的右半部分承受重量。在要求的时间内保持这个姿势。然后在左侧重复进行这个动作。

肱三头肌拉伸

保持站立的姿势，将右臂举过头顶，肘部弯曲以使右手在头部下方，同时用左手抓住右手手腕并尽可能向下拉伸，使肘部指向天花板。在要求的时间内保持这个姿势。然后左臂重复进行这个动作。

腘绳肌拉伸

双腿伸直坐在地板上，躯干慢慢向前弯曲，尽可能使双手前伸。当感到腿后肌肉强烈拉伸时，抓住双脚腕并在要求的时间内保持这个姿势。

股四头肌拉伸

保持站立的姿势，用右手抓住固定的物体，如锻炼器械的杆。左膝弯曲并使左脚指向臀部。用左手抓住左脚踝并使脚尽可能举高。右腿重复这个动作。

小腿拉伸

站在一块稳定的物体表面并抓住固定的物体以保持平衡。抬起右脚用左脚站立，慢慢尽可能使脚后跟向下移动。在要求的时间内保持这个姿势，然后右腿重复这个动作。

肩部拉伸

保持站立的姿势，用左手抓住右手手腕。保持身体不动，慢慢地将右臂尽可能越过身体躯干拉伸。在要求的时间内保持这个姿势。然后用左臂重复这个动作。

第三章

身体调节

关键时刻到了！是时候开始塑造完美体形的旅途了，在这场旅途中，您可以重新认识自我，挖掘自身的潜能。前面的章节着重解释了塑造完美女性体形所不可或缺的高能健身法背后的理论知识，并且从不同方面提及了保持身体强健的重要法则和技巧。越快地将它们应用于塑形锻炼，就能越早达到预期的目标。如果您能深入理解这套方法的理论基础，可以立即将它们付诸实践。在开始锻炼之前，多阅读几次本章节，牢记其中的方法，更有利于塑形锻炼。

体能提升计划是为那些没有或仅有有限锻炼经历的人设计的，不过，即使您已经参与了一定时间的锻炼，开始体能提升计划对您也有很大益处，除非您对自己的锻炼能力非常自信。您不确定时，最好放慢速度并且在锻炼过程中不断对自己的能力进行自我评估。当您为提高的锻炼强度做好准备时，再进入下一阶段的锻炼。

通常，初学者能坚持 3~6 个月的体能锻炼，当然，这也因最初体能状况、年龄、运动能力等个人因素而有所差异。随着您不断积累锻炼经验，客观地评估自己的进步，您会逐步提升到一个很高的锻炼水平。只要勤奋、坚持，您将获得稳步进步。尽管希望迅速进步是人之常情，但在身体还未做好准备之前就进入下一个阶段只会适得其反。缺乏耐心只会导致您锻炼进程的推迟，妨碍您长期目标的实现。

高能健身法意在以最小的受伤风险为前提保证最大的收效。与其他活动相比，负重锻炼相对更加安全，尽管如此，在锻炼过程中仍存在潜在风险。研究表明，初学者患与锻炼相关小病的风险在大幅上升。在初学阶段，缺乏经验和耐心经常会导致锻炼过度。因此，初学者必须平衡对进步的渴望与对安全的需求，循序渐进。

您要做好心理准备，初期的负重锻炼可能很笨拙，学习各种各样的锻炼动作是一个艰辛的过程，可能会造成消极的心理影响，多数情况下会削减锻炼热情。初期负重锻炼的不协调和笨拙是正常的，因为仅用肌肉力量沿固定轨迹抵抗移动是高难度动作。幸运的是，在一小段时间内经过持续的锻炼，这些技能会成为您的第二本能。耐心和坚持会回馈您一个满意的结果。

为了使体能提升计划的目标更加明晰，让我们重温一个形象的类比，那就是塑形好比建房子。作为一个初学者，您的目标是为您想锻炼的那块肌肉建立一个“地基”。在开始一种健身锻炼时，众多女性所犯的最大错误之一就是试图去塑造一些她们没有的东西，对一个女人来说，被塑造大腿内外形态的机器所吸引而排斥其他各项运动很普遍。但直到您建立起一个肌肉基础之前，不可能减掉局部体内脂肪（见本页底部），专门化锻炼的价值也是十分有限的。一个建筑师不可能在地基建造完备之前就开始着手建造墙壁和屋顶。您就是您自己体形的建筑师，只有建立好的基础，才能为您继续塑造体形提供巨大潜能。

为了建造肌肉基础，本阶段我们使用全身法来锻炼。在每次您锻炼时，只需逐个锻炼主要肌群，保证锻炼对您的全身有一个全面的覆盖。全身锻炼让您的每块肌肉得到频繁的锻炼，从而在每一个锻炼部分积累最大数目的肌肉纤维。您需要重复地使您的全身适应锻炼的紧张与压力，这有助于以后的锻炼。

最初的时候，锻炼全身的想法可能会令人生畏。不过不用担心，它并没有想象中那么难。正如您所看到的，这个健身法设计用一种方式让您身体的复原能力得到完善并且在不完全耗尽您精力的情况下为您建立肌肉基础。

体能调节计划

为了最大限度地掌握体能提升法的内容，您需要坚持下面的计划。

- **练习**　在每次锻炼中，选择一种方法锻炼一组肌群，每周锻炼全身肌肉三次。尽管频繁地锻炼肌肉有时可能会让您在锻炼上占有很大优势，但有限量的锻炼强度会缓和过度锻炼的风险。通过一种方法锻炼一组肌群，限制施加在每块肌肉上的力量，会让您更快地从每次锻炼的疲惫中恢复，并定期地锻炼您的每块肌肉。
- **组数**　每次安排三组锻炼，给予肌肉足够的刺激又不会使之负担过重。不要在进行一组锻炼后直接进入第二组，中间应有休息。三组锻炼完毕后再开始下一轮锻炼。

局部减肥

在健身中最大的谬论可能就是能通过有目的的锻炼进行局部减肥。局部减肥是虚构的，在生理上是不可能实现的。尽管某些广告很是夸张，科学地讲，无论多频繁地进行某项个人运动的锻炼仍不能使身体的局部变瘦。仰卧起坐不能使您拥有平坦的腹部，再多的锻炼也无法直接让您的大腿变细。毫不夸张地说，试图去用局部运动减肥是徒劳的。

- **休息**　每组锻炼之间休息不超过 30 秒，这样能使有氧运动的效果最大化，有助于更快地减肥。大多数情况下，最初阶段的锻炼计划需要稍微长一些。作为一个初学者，可能会对锻炼的错综复杂感到不熟悉并且全神贯注于一些如体形、呼吸方式等问题。这些因素都会放慢锻炼步伐。因此，最好保证您的休息时间与推荐的时间限制接近。当您感到晕眩或过度疲惫时再进行长时间的休息。这样，您的身体就能尽快适应快节奏的锻炼，您也就能安全迅速地进入下一组的锻炼。

- **重复**　您的目标是每组锻炼 15~20 次。用有效的方法锻炼并且在每次重复锻炼中对肌肉持续施加压力至关重要。努力尽早建立“意识－肌肉”联系，使每次锻炼都有意义。从一开始，尽可能避免试图确定您感觉到哪块肌肉紧张。这种消极的态度表明您并没有正确地将目标肌肉形象化。相反，想象一下哪里您应该感受到肌肉运动。您的任务是从心理上孤立这块肌肉或肌群，将其他所有的想法从脑中清空，不要在意身边的环境。忘记烦恼、生意上的交易来往、家庭责任和其他任何与锻炼无关的事情。只全神贯注于锻炼，并将全部精力放在目标肌肉上。

- **强度**　保证负重的强度是稍带挑战性而又不会完全耗尽精力。换句话说，在最后一次重复之前，重物应当让您稍微感觉有些重但又不会令您太过挣扎或为了完成这组锻炼而在方式上做出让步。随着力量的增加，应增加负重量以维持规定的锻炼强度。记住，如果重物太轻以至于不能提供充足的肌肉刺激，就无法达到满意的效果。当然，挑战极限也不是明智之举，因为您的身体并未适应高强度锻炼，如果锻炼过度，会吃不消的。

提升计划

练习数量：	每个肌群一次
练习组数：	每次练习 3 组
组间休息时间：	不超过 30 秒
每组重复次数：	15~20 次
强度：	稍有挑战性

左边的提升计划总结了这套方法在体能提升方面的明确计划，您要严格实行这个计划并且少对计划进行修改。随着您对锻炼进程越来越熟悉并且进步到这套方法的更高阶段，就能相对灵活地改变计划的安排。

增强身体适应性

如果您以前从未接受过锻炼或已经有一段时间没进行锻炼，将最初一段时间的锻炼当作一个适应阶段。这段时期您的目标就是使身体适应这个计划并且让它逐步适应负重锻炼的压力。尽管您可能很渴望看到成果，也必须经历这个阶段，就像您即将在一个冷水池中游泳一样，不先测试水温就潜入水中是很欠考虑的行为，您的身体会因体温和水温的巨大温差而进入休克状态。相似地，出于锻炼的需要，您的肌肉、结缔组织和神经系统受到刺激，很容易让您的身体在这个脆弱的时期负担过重。如果您不小心，可能会经受强烈的疼痛、头痛或在过度锻炼中受伤。这些小毛病会妨碍您的锻炼进而影响锻炼效果。没有什么比受伤更能使您的锻炼法偏离轨道，所以您需要谨慎且考虑周到。

此外，年龄也会影响最初的锻炼效果。35 岁之后，女性的肌肉质量和骨骼密度大概每年会降低 1%。久坐女性的基本身体质量在 45 岁之前会降低约 10%，55 岁之前降低约 20%，以此类推。因为持续进步需要力量和耐力，所以，您的年龄越大，就越应该小心地让身体在锻炼初期尽快适应。尽管年龄的消极影响可以逆转，但这需要更多的时间和耐心。如果动作规范，锻炼可以大大改善年龄增长的相关消极影响，如骨质疏松、力量削弱。

即使有良好的适应性，也会经受轻微的肌肉疼痛。这在开始几周的锻炼中是极为普遍的，但是即便是杰出的受训者，也可能会持续感到疼痛。虽然疼痛不会很剧烈，但在锻炼时，肌肉也会变得更加敏感。不幸的是，在最初的锻炼中，疼痛是不可避免的副产物。它产生于负重锻炼时的紧张和压力所造成的肌肉微小撕裂，这将导致肌肉和结缔组织内部肿胀。通常，疼痛会持续几天，然后会随着身体开始痊愈而逐渐减弱。这种迹象表明您的身体正逐步适应锻炼的要求并准备进入下一个锻炼阶段。

不让肌肉疼痛影响您锻炼的继续是很重要的，轻微疼痛坚持锻炼能帮助您缓解疼痛。锻炼有助于肌肉与结缔组织的血液循环，加速复原。如果您感觉很不舒服不能继续锻炼，休息几天并且采取一些舒缓的补救措施，如漩涡浴或者按摩来缓解疼痛。尽量避免久坐，即使是一些很轻微的活动也能加速身体各个组织的血液循环从而加速痊愈进程。当然，如果疼痛剧烈，应立即停止锻炼并就医。

制订体能提升计划

在最初 4~6 周的锻炼中，应尽可能采用复合动作。就像之前所说的那样，复合动作能最大限度地刺激肌肉，使结缔组织更结实，并使神经系统更适应锻炼要求。复合动作可以帮助您持续稳定地进步，将进步过程中造成肌肉伤害的可能性降到最低。复合动作的变化性让锻炼在符合要求的条件下更加丰富多彩。

记录锻炼的顺序及其与每组肌群的关系。在锻炼的初级阶段，最好从最大的肌群开始锻炼。先锻炼上身或者下身都可以，但应该在锻炼手臂肌肉（肱二头肌、肱三头肌）之前先锻炼躯干肌肉（胸部、背部和肩膀），在锻炼腿后肌肉前先锻炼股四头肌。如果您先锻炼小块肌肉，它们在大型肌群运动时辅助运动的能力会减弱。最终，您的次要肌肉会比主要肌肉先疲劳，这样您就不能让目标肌肉获得最大刺激。例如，练习杠铃屈臂会使肱二头肌十分疲劳，如果在练习坐式划船前练习杠铃屈臂，在背部肌肉得到充分刺激之前肱二头肌就已经精疲力竭了，因此，锻炼效果会大打折扣。

锻炼上身时，最好交替练习推拉动作。在推重物时，我们用到了胸部、肩膀肌群和肱三头肌，然而在拉伸机制中，应用的是背部肌群和肱二头肌。交替练习这些动作可以让对抗肌得到休息，因此能使肌肉活力得到再生，从而可以在练习中有更好的表现。我们注意到按照样板计划，应首先锻炼胸肌（以肩膀肌群和肱三头肌作为次要活动肌肉），接着锻炼背部（以肱二头肌作为次要活动肌肉），然后肩膀（以肱三头肌作为次要活动肌肉），最后锻炼上身的肱二头肌和肱三头肌。这样，您的肌肉就能在每次练习之间得到最大限度的恢复。

写一本像附录提到的那样的日记可以帮助您更顺利地进行锻炼计划。提前写下您要做的练习是一个很好的方法。之后您可以经常浏览锻炼计划，以准确地知道在这个阶段您需要完成的任务，就不会因不知道该进行哪项锻炼而漫无目的地锻炼。日记应该涵盖本阶段应完成的练习，在每组锻炼中您能承受的重量和其他一些日后能够对您有所帮助的小贴士。

表 3–1 是可能在锻炼的前 4~6 周用到的 3 天计划样板，这些方法像本书介绍的其他方法一样仅是多种多样锻炼的一种可能的指导方案。众多更适合您的方案还等待您去探索开发。根据自身情况改变计划不仅可以令结果最优化，还可以避免锻炼的枯燥。

在最初的 4~6 周锻炼之后，计划中就应该包括一些独立动作。不断用不同的练习实验，并对每个动作的质量给予密切关注，确保您没有忽视在锻炼中做一些复合动作。鉴于这些主要的练习有着广泛的影响力，它们不仅对初学者，也对一些高级运动员有着同样的实用性。将复合动作和独立动作结合起来对下一阶段的锻炼有前导性作用。

表 3–2 是延伸了最初计划并结合多种多样的复合和独立动作的 3 天计划样板。您应该会对这个计划的设计感到很适应，所以应该着手将您所学的臻于完美。然后再有一些创造性，不要畏惧尝试新的练习。这样做不仅会给一大部分肌肉纤维提供足够的压力，而且能提高您的锻炼技巧以便于您未来更好的进步。

表 3–1　3 天锻炼参考计划

肌群	第一天	第二天	第三天
胸肌	上斜哑铃卧推	上斜推胸机推胸	俯卧撑
背肌	高拉机下拉	坐式划船	单臂哑铃划船
肩部肌肉	颈前推举	阿诺德推举	立正划船
肱二头肌	坐姿哑铃弯举	拉力器弯举	曲杠铃弯举
肱三头肌	“碎鼻者”	三头肌下压	窄握卧推
股四头肌	腿部蹬举	深蹲	弓步
腘绳肌和臀部肌肉	早安式体前屈	直腿硬拉	过伸
小腿肌	坐姿提踵	提踵	站立提踵
腹肌	卷腹	镰刀式侧卧	反向卷腹

表 3–2　结合复合动作和独立动作的 3 天锻炼参考计划

肌群	第一天	第二天	第三天
胸肌	蝴蝶机夹胸	哑铃平卧推举	平板哑铃飞鸟
背肌	反握下拉	单臂坐式划船	直臂下拉
肩部肌肉	哑铃推举	侧平举	俯身侧平举
肱二头肌	斜托杠铃弯举	上斜哑铃弯举	单臂哑铃弯举
肱三头肌	肱三头肌屈伸	肱三头肌撑体	过顶绳索伸展
股四头肌	双腿伸展	挺髋蹲	杠铃颈前深蹲
腘绳肌和臀部肌肉	俯卧腿弯举	腿外展	坐姿腿弯举
小腿肌	坐式提踵	负重提踵	驴式提踵
腹肌	跪姿绳索下拉	吊杠提膝	仰卧转体

最优化体能锻炼效果

当进行定向运动 (一次只锻炼一只手臂或一条腿) 时，最好不要在每组锻炼之间休息。例如，在单臂哑铃提拉中，应该从一只手臂开始，完成目标的提拉次数，再换另一只手臂，同样完成目标的提拉次数，然后不休息地重复这个过程。这样一来，当一只手臂在练习时，另一只得到了充分恢复。当您完成了一侧的练习时，另一侧应该已经得到充分恢复并可以继续下一组的锻炼了。因为您从未全身都在休息，所以心脏在较长的时间段都保持着兴奋状态，这就提高了热量的消耗。

尝试各种练习之后，您可能会发现有一些动作做起来很笨拙、不舒服。导致这样的因素很多，包括体格、四肢长度等。有时，即使重复尝试很多次，这项运动也仍旧不适合您。如果碰到这种情况，很简单，放弃这项运动转而练习其他可代替的运动。没有必要在锻炼中坚持不适合您的运动，不过，在力量和动作技巧得到进一步提升之后，您可再尝试这项运动。很多时候，您会发现现在的您竟然可以享受这项运动并能体会到更多样的运动带来的额外收获。

您可能想知道如果不能完成一整套重复 15~20 次的锻炼该怎么办。大多数情况下，您应该减重以适应力量水平。但您可能会遇到一些练习是无论怎么努力都无法完成的整套动作。这种情况在腹部运动和一些其他运动中尤为常见，在这些活动中体重影响着您的力量和能力。这种情况下，只完成您身体能承受的尽可能多的重复次数直到您筋疲力尽为止。幸运的是，力量和耐力很好培养，随着时间流逝您会取得快速的提高。几乎所有运动，只要持续努力就能完成。

什么时候进入下一阶段

在应用这套健身计划一段时间之后，您会有感觉可以进入下一个阶段了。进入下一个阶段意味着锻炼和强度会有一个显著的提升。每一个后面的阶段都需要付出更多的努力，因此在您进步的过程中，必须谨慎与判断准确。问题是，我们如何知道自己什么时候准备好迎接下一阶段的锻炼了呢。事实上，这并没有一个明确的答案。然而在您进入下一阶段锻炼之前，需要考虑到以下几点：

1. 了解这一阶段锻炼的基本法则。随着锻炼进程的继续，心理因素变得越来越重要。理解这些法则对下一阶段锻炼效果的最大化有着至关重要的作用。您一定要完全理解每一条法则并知道如何在锻炼过程中应用它们。

2. 确保身体在各种复合动作和独立动作中保持舒适。您应该可以完成很多次练习，并能很容易地进行下一个动作。此外，您应该很好地掌握锻炼形式与功能并知道每种锻炼的目标肌肉。在下一阶段的锻炼中，这些知识将有助于您协调地运动。

3. 确保您很乐意或有能力提高锻炼强度。想要进入更高级的锻炼和真正能随着锻炼进程而不断增加锻炼强度是两回事。很多女性意识不到进入下一阶段的锻炼需要付出更多的努力。这套健身计划准备了各种强度的锻炼，您应该依据自己在这套锻炼计划中遇到的困难来评估自己进步的能力。

如果您仍然对这些领域不那么熟练和精通，就需要花费更多的时间培养自己的技能和精神的敏锐度。从基础开始做起，使身心都做好准备迎接更紧张的锻炼。不要急于进入下一阶段而给自己施加太多压力。事实上，如果您很开心地适应了本阶段的锻炼，就可以轻松地继续后续的锻炼阶段。也有很多女性并不渴望或者不乐意进入更高的锻炼阶段，她们满足于维持现状。然而这阶段的锻炼，并不会完全激发您的潜能，达到塑形目的。因此，如果您想进入下一阶段，开始您的塑形之旅，请进入下一章继续阅读。

第四章

健美与塑形

恭喜，您已经不再是个初学者了。通过保持健康的生活规律，您已经超过了80% 的人所做的努力。您应该已经看见发生在自己身上的一些相当可观的改变。意识到这一点很重要，尽管您只是抓住了潜能的皮毛，您通往完美体形的旅途才刚刚开始。在这个章节，将开始强化锻炼，塑造及精炼已经积累练就的肌肉。

这个系统的强化锻炼和塑造阶段是塑形的开始。此前已经打好了身体的基础，现在要集中于建立一个框架以使肌肉匀称，身体比例美好。每组肌肉群应该切换流畅，形成能互相补充的平衡的线条。应该开始评估力量和弱点来关注身体复杂的地方。

这个阶段包含几个改变来加深锻炼成果。例如，锻炼的每组肌肉群的总体的锻炼量和组数会增加。这样可以更加强烈地锻炼肌肉，向塑形的目标更进一步。因此，肌肉需要一个更长的恢复期来解除那些增加的压力带来的影响。这一阶段的健身应该分成两部分：在第一个部分锻炼一半的肌肉，然后在下一部分锻炼剩下一半的肌肉。这样做的好处是能两周三次（取代在身体适应期的每周三次）锻炼每组肌肉群，比起以前多给身体两倍的休息期。

平均来说，这个阶段需要至少六个月。就像前面提到的那样，锻炼的效果会系统地作用在身上。锻炼者通常会稳步取得成效，因此不要在身体和思想准备好应对挑战前进入下一个阶段。这样做一定会让长期的努力止步不前。

通常，应该在每个锻炼计划前彻底地热身。因为每个练习单元只用到部分肌肉，所以一定要确认要锻炼的肌肉已经热身过了。这个锻炼计划确实比前一个强度更大，所以足够的热身对于防止身体损伤是必要的。

热身之后，直接进行计划中的力量锻炼部分。当健身目标和能力提升之后，必须调整路线来适应新的需求。这是唯一可以进步和避免进入平台的方式。

健身和塑形原则

为了在此阶段取得最好效果，必须遵守下面的原则。

- **锻炼** 每组肌肉使用两套锻炼方式（在身体适应期只用一套）。这能使锻炼者在同一个锻炼期间从不同角度和线条锻炼肌肉，扩大塑形潜能。应该尽可能随时为每一组肌肉群使用一套复合的和一套独立的运动。当然，手臂、小腿和腹部肌肉的解剖构造，这在这些肌肉群并不可行。通过两种锻炼的结合，可以刺激肌肉达到最大的程度。
- **组数** 再一次把每套锻炼设置为三组。因为现在使用两种锻炼方法锻炼每组肌肉群，每个主要肌肉总共做六组（在身体适应期只做三组）。起初，锻炼量的增加会导致肌肉的巨大疲惫。几周内，应该减少锻炼的力量水平直到身体适应扩展的力量负荷。身体在很短的时间内可以调整适应这些要求，锻炼耐力会奇迹般地增加。
- **休息** 在身体适应阶段，应该在每组之间休息不超过 30 秒。限制的休息间隔是身体产生美好线条的基本因素之一，快速锻炼也很重要的。快速锻炼能提高脂肪消耗，激发所有不易练就的肌肉张力。
- **频率** 每组锻炼的目标频率是 15~20 次。使用合适的锻炼形式在这一阶段变得更加重要。因为锻炼者将在这一阶段增加强度，要保证锻炼者不会在完成一组锻炼后“牺牲”；否则，会增加受伤的可能性。
- **强度** 此阶段的锻炼加大了强度。在每个接下来的锻炼组中都需要更多的努力。在身体适应期，第一组锻炼多少要有点挑战性。在第二组锻炼中应该增加强度，这样，就能在最后几步做一下斗争。最后，在第三组锻炼中应该用尽全力，直到不能再多做一个动作。在最后一组的结尾，目标肌肉应该完全疲惫了，锻炼者可以在相同的梯度进行你下一次的锻炼。

这一阶段的特点就是加强和塑造。就像前面说的那样，在日常锻炼的特定方面要慎重，要严格遵守要求以达到好的效果。现在仍然是在了解身体的阶段，偏离这个认识可能会导致过度锻炼或受伤，阻碍锻炼进程。

加强和塑形要求

锻炼数：	每组肌肉两套锻炼方式
组数：	每套锻炼设置为三组
组间休息时间：	不超过 30 秒
每组重复数：	15~20 次
强度：	第一组：有一点挑战性
	第二组：比较费力
	第三组：用尽全力

强度因素

或许身体适应阶段和本阶段最大的区别就在于锻炼强度的增加。作为一个初学者，只是建立了一个体格基础。因此，锻炼的强度是一个不太重要的问题。因为身体还没有适应锻炼，锻炼时太大的强度可能会导致过度锻炼。

如果真的努力想要重新定义身体，就必须更加努力地锻炼以达到目标。那些电视广告里的有着好的身材，笑着举重的女性确实很迷人。为了激发身体的全部潜能，采用的锻炼强度一定要达到身体运作的门槛，这被叫作超负荷原则（overload principle）。从本质上来讲，人们的身体努力保持一个平衡的状态称为稳态。如果锻炼的强度不能充分用尽能量，就不会有足够的刺激让身体从稳态改变。只有通过对肌肉施加超过它们物理能力的压力，才能迫使它们产生适应性反应并且对身体产生精确的效果。

可以慢慢增加强度直到筋疲力尽，达到肌肉的极限。从锻炼的角度看，失败意味着成功。当第一次尝试锻炼到无法继续的时候，它可能是意想不到的启发性的一次经历。当举重的时候，大部分女性在肌肉并未达到极限的时候，通常会先在精神上放弃。她们可能认为已经达到了极限，其实她们的肌肉还可以再做几次动作。为了获得最佳效果，必须懂得区别精神极限和身体极限。记住这句格言“那些不能彻底击倒你的东西只会让你更强大（what doesn’t kill you makes you stronger）”。强迫自己达到极限能让你展示出内在的和外在的力量，使身体得到意想不到的改变。

为了让身体为力量增加做准备，采用循序渐进的方法锻炼。前两组锻炼是在为最后全力以赴的锻炼做准备。每一组锻炼会比前一组强度更大，在最后一组达到极限。因为没有需要保持体力的其他锻炼，所以可以把自己发挥到极致而不用当心自己的实力储备。当笔者锻炼一位客户时，曾用“最后一组是最好的一组（last set, best set）”激励她，这其实也是在告诉她：“您应该用尽所有的力气完成最后一组。”通过不断适应锻炼负荷，有足够的耐力来用尽全力，但不过度锻炼身体。

当然，随着锻炼强度的增加，会经历更多的身体和精神不适。尽管大多数人想要避免不适，不幸的是，这是锻炼进步不可避免的副作用。力量锻炼给肌肉带来了巨大的压力并且刺激整个神经系统。这些本身会对身体产生不舒服的效果。当肌肉达到极限，身体会产生一种叫作乳酸的物质，不仅会使肌肉疲惫，而且会让肌肉有一种燃烧的感觉。

身体可能会因为尽力完成最后的锻炼而颤抖（这是由高尔基腱反射阈，一种肌肉超负荷的保护性反应引起的）。所有这种反应与精神意志相对抗，挑战锻炼者，使其放弃。

当这些生理反应出现时，精神上必须足够强大才能战胜它们。短暂锻炼的痛苦是可以忍受的。它会在你完成锻炼后的数秒内消逝。因此，当锻炼到极限的时候，不适将会很快结束也是合理的。一旦锻炼完成，锻炼者会有一种处于获得梦想身材过程中的满足感。这是牺牲一时的痛苦来获得久远收获的典型例子——一个值得的回报。

锻炼强度

在塑形中，强度指努力的结果，即在一定时间内所做的锻炼的量。可以通过增加使用的重量和减少两组锻炼之间的休息时间两种方法提高强度。高能健身在两组锻炼之间休息约 30 秒，这在任何程度上都是快节奏锻炼。这样可以加快心跳，促进脂肪燃烧，同时有足够的时间让身体恢复以有足够的力量进行下一组锻炼。

虽然在努力塑形中取得进步，但是高能健身却可能使肌肉锻炼失败。也即是说，一组锻炼中的最后一次重复是十分困难的。在力量锻炼中，失败是意料之中的。这是一个很陌生的理论。我们生活在一个成功有回报，失败受惩罚的社会。从我们出生，我们被督促去获得成功。我们把失败作为不能接受的事情。但是在这个系统中，力量锻炼是达到目的的手段。锻炼者的目标不应该是达到重复给定的一个数目，而应该是达到一种瘦的、可调和的体格。在高能健身系统中锻炼到不能再练的时候确定了肌肉能接受的最大压力并开始塑造身体美的线条。这促进了双倍燃脂效果，同时改善了肌肉形状和坚硬度。

这个方法的另一好处是它大大地减少了需要锻炼的时间。只需要几组锻炼就能达到肌肉最大承受压力。一旦完全让肌肉超负荷，增加的锻炼会变得多余。因为快速的节奏，高能健身是一种用最少的时间达到预期目标的有效率的方法（整个锻炼不超过 1 小时）。

建立强身和塑形的计划

现在，锻炼要求已经有了，接下来讨论如何把它们形成一个结构化的锻炼方案。可以把不同肌肉群的锻炼用许多方法结合进实际。一个可能性是在将主动肌和被动肌安排在一个锻炼组里。激动肌和拮抗肌是行为效果相反的肌肉。例如，肱二头肌和肱三头肌是一组激动肌和拮抗肌。当通过弯曲胳膊收缩（缩短）肱二头肌，肱三头肌以相反的方式工作，限制收缩。因为流向整个地方的血液是集中的，结合锻炼这一局部的肌肉有增加血液循环的好处。

表 4-1 是把激动肌和拮抗肌结合成具有凝聚力的形式的样本计划。这些样本计划只是一个参考，每次应根据锻炼者的实际情况调整计划。

表 4-1 激动肌和拮抗肌锻炼示例

第一天：肱二头肌、肱三头肌、股四头肌、腘绳肌		
锻炼一	锻炼二	锻炼三
坐姿哑铃弯举	站姿曲杠铃弯举	拉力器弯曲
斜托杠铃弯举	单臂哑铃弯举	俯卧上斜弯举
肱三头肌下压	双臂过顶拉力绳伸展	单臂过顶哑铃屈伸
过顶绳索伸展	俯身哑铃臂屈伸	肱三头肌屈伸
腿部蹬举	弓步	深蹲
前踢腿	挺髋蹲	双腿伸展

续表

锻炼一	锻炼二	锻炼三
直腿硬拉	坐姿腿弯举	俯卧腿弯举
站式腿弯举	俯身挺背	早安式体前屈
第二天：胸、背、肩膀、小腿、腹部		
上斜哑铃卧推	平式哑铃飞鸟	俯卧撑
蝴蝶机扩胸	拉力器夹胸	上斜哑铃飞鸟
高拉机前方下拉	引体向上	反握下拉
坐式划船	单臂哑铃划船	仰卧屈臂上拉
哑铃推举	阿诺德推举	器械肩膀推举
哑铃侧平举	俯身侧平举	哑铃立正划船
站式提踵	驴式提踵	负重提踵
坐式提踵	单腿坐式提踵	坐式提踵
卷腹	坐式绳索下拉卷腹	跪式绳索下拉卷腹
吊杆提膝	反向卷腹	仰卧转体

腹部肌肉的锻炼频率

笔者提倡以锻炼其他肌肉的频率来锻炼腹部肌肉。但是，大多数健身专家提倡每日腹部锻炼，他们声称腹部肌肉是“耐力肌肉（endurance muscle）”，因此能忍受更多频繁的锻炼。

真相是，不管怎么样，腹部肌肉和身体的其他主要肌肉在结构上并没有不同。腹直肌（六块腹肌），实际上包括大致与大腿和手臂上组合相似的快肌纤维（力量相关的）和慢肌纤维（耐力相关的）相等的量。把腹肌和真正耐力相关的肌肉如比目鱼肌（小腿肌肉之一）相比，会发现腹肌在力量上和耐力肌肉相似。

除此之外，当锻炼其他肌肉的时候，腹部肌肉也得到间接锻炼。许多健身专家忽视了这个事实。例如，三头肌下压，轮滑下压和深蹲的时候都会用到腹肌作为稳定肌肉。锻炼时，高能健身系统给腹肌带来大量的第二压力。笔者已经和许多每天锻炼腹部肌肉的女性一起工作好几年了，在减小她们的锻炼量并采用合适的强度后，她们的腹部形状得到大大改善。因此，应该像锻炼其他肌肉一样锻炼腹肌，应注重锻炼的质量而不是数量。如果感觉没有达到预期的效果，检查一下锻炼方法而不是增加锻炼的量或是频率。除此之外，记得，如果此时过度消耗身体脂肪，将永远不会看到努力练就的肌肉。

在强身和塑形阶段的成果

在强身和塑形阶段，上身的锻炼效果比腿部更好。腿在力量锻炼后会疲惫或立刻站立不稳。因此，在很多站立姿势的锻炼后，腿很难支持身体。这样只能做些上半身坐姿锻炼。除此之外，由于腿的锻炼用到许多肌肉，会耗尽储存的能量。把腿的锻炼放在最后，能从上身锻炼中受益更多，并且不影响其锻炼。

这个阶段另一个重要目标是打造出优美平衡的比例。就如同前面提到的，应该达到身体总体的匀称性，并且找到肌肉之间相互补充的方法。身体的某部位肌肉可能比其他部位强壮（右边的二头肌可能比左边强，左腘绳肌可能比右腘绳肌强健等），导致了不匀称性。尽管基因在匀称性中起很重要的作用，外界的因素同样能影响身材比例。例如，经常单侧背包的女性，背包侧肌肉的力量比另一侧强。同时锻炼两侧很重要。

现在应该增加哑铃和单臂绳索（one-arm cable）练习。这些运动要求身体的每一侧锻炼相同的量（与使用杠铃和机器的运动相反，那些会让强的一方来弥补弱的一方）。这些单边运动能让人平衡发展，不仅可使不同肌肉群平衡发展，而且可使身体的两侧平衡发展。随着时间的推移，它会帮助身体达到和谐。

最后，把超级组纳入锻炼。一个超级组包括两组没有休息时间不间断的锻炼。超级组进一步增加了锻炼强度，而且因为有限的休息时间，增加了脂肪燃烧。

在这个锻炼计划中，每个超级组包括两组锻炼，增加了锻炼的节奏。每块肌肉在一组锻炼完成后可以休息几秒。因此，在一个超级组，应该迅速从一个锻炼过渡到下一个锻炼。几种不同的组合能产生一组有效的超级组。

下面是一些有效的组合：

一个特别有效的超级组应把复合运动和独立运动结合起来。这样组合的例子有锻炼股四头肌的腿举/倒蹬（leg presses）和腿屈伸（leg extensions），胸部的斜式推胸（incline presses）和蝴蝶机夹胸（pec deck flye），肩膀的肩膊推举（shoulder presses）和侧平举（lateral raises）。

非力量锻炼同样在超级组中起到很好的作用，尤其是腿的锻炼。在力量锻炼中失败后，仍然有力量进行非力量的腿部练习。结合力量锻炼和非力量锻炼的例子有大小腿伸展（leg presses）和挺髋蹲（sissy squats），前深蹲（front squats）和弓步前行（walking lunges），直腿硬举（stiff-legged dead lift）和俯身挺背（hyperextensions）。

激动肌和拮抗肌组是另一组完美的超级组组合。例如，肱二头肌和肱三头肌锻炼组合［滑索锤式弯举（cable-rope hammer curls）和法式弯举（nosebreakers），斜式弯曲举 (incline curls) 和臂屈伸 (overhead rope extensions）］，胸和背锻炼组合［（斜式哑铃推胸（incline dumbbell presses）和滑轮下压（lat pull-downs），平式扩胸 (flat flyes) 和坐姿绳索划船 (seated row)］，股四头肌和腘绳肌锻炼组合［哈克深蹲 (hack squats) 和卧式大腿弯曲 (lying leg curls)，前蹲 (front squats) 和俯卧直腿上摆（reverse hyperextensions）］。

单侧（一侧手臂或一侧腿）运动不能很好地转化成超级组。单侧运动为不工作的另一边提供了太多的休息，从而减少了超级组的效果。因此，像集中弯举（concentration curls）和单臂哑铃提拉（one-arm dumbbell rows）这样的运动对超级组来说不是好的选择。试着尝试不同的组合，每组肌肉尝试不同的超级组。作为锻炼的各个方面来说，多样性是取得好成果的关键。

进入下一个阶段

当感觉自己已经准备好进行最后一步，开始塑形目标的时候，首先考虑以下几点。因为这是一个不断加强的系统，需要再一次增加强度来保证效果。锻炼者应该在满足下面的几点要求后进入下一个阶段。

1. 保证已经掌握了所有高能健身的规则和理论。理解健身现在应该是第二本能。对所有锻炼的基本原理有清晰的认识。对这些要素仅有大致的了解是不够的，必须有深刻的认知。如果锻炼者还按照自己的方法练习，塑形目标是不可能实现的。

2. 保证已经达到了这个阶段的锻炼目标。加强和塑形计划为采用更先进的塑形技巧打下基础。如果锻炼者仍然处于健身的起步阶段，继续本阶段计划有助于取得长期目标。不应该在学会走之前就跑，这样做会摔倒的。

3. 保证愿意并且有能力把自己逼到极限，因为下一阶段强度会比以前更大。只有那些渴望发挥身体潜能最大化的人才能达到目标身材。如果这是您的目标，您一定要愿意去做规定的事来达到那个高度。如果不能很容易地度过本阶段，不认为身体和心灵都能超过现在的锻炼节奏，接下来的锻炼只会太艰难。

如果您尚不确定是否能满足上述条件，那么您必须继续本阶段的锻炼直到准备好才可进入下一阶段。不要有时间限制或者认为必须进入下一步。通过这个阶段的锻炼可以获得良好的体格，如果想达到终极目标，你需要坚持做完每一步。如果这是您的使命，下一章将会帮您实现健美梦想！

第五章

针对性塑形

只有强烈渴望提升自己面对挑战的勇气，才能达到最终的塑形目标。想要拥有匀称的体形需要巨大的努力。随着练习的深入，会遇到更多的困难。通过这一阶段的锻炼可以激发大约 90% 的潜力，优秀的练习者可以激发 100% 的潜能。如果您已经做好准备迎接挑战，高能健身系统的针对性塑形将会带您直达塑形天堂。

你现在应该有一个匀称、健康的体形，只需要一些微调。您现在的目标可能要比前一段高一些：想在穿着修身裙子和比基尼的时候看起来更棒，或者甚至渴望成为健美参赛者。您可以通过各种方法锻炼特定肌肉来获得更匀称的体形。想象自己是雕塑家，而您的身体是只需要一些最后加工的未完雕塑。这就是为什么塑形是科学和艺术的。

本进阶是高能健身的精华：思想和身体的融合来达到体形的完美。为了实现体形的完美，本阶段分为三部分，肌肉群锻炼的量和组数会更多。因为锻炼量和强度的增加，肌肉需要更多的恢复。因此，只需要每周锻炼每组肌肉群一次（当量和强度增加的时候，频率必须降低）。

有九组主要的肌肉，可以每次锻炼三组肌肉。笔者建议下列几组有效率的组合。

第一天：胸肌、背阔肌、腹肌。

第二天：股四头肌、胭绳肌、小腿肌肉。

第三天：肩部肌肉、肱二头肌、肱三头肌。

这个组合可以锻炼所有主要肌肉，而且为协同肌提供了休息和恢复。当然，其他的组合方法同样有效。肌肉群的组合锻炼方法没有最好的，要勇于尝试不同的组合，看看哪种最适合您。

针对性塑形的规则

为了从针对性塑形中取得最大效果，应遵守以下的规则。

- **练习内容**　每组主要肌肉的锻炼量从 2 套增加到 4 套，并且尽可能地使锻炼多样化。在这个水平上，应有选择地组合塑造身体比例最佳的锻炼。几种不同的锻炼会使塑形效果不同，如改变运动的角度、目标肌肉的伸展度、手脚的放置和独立特定肌肉的能力。笔者根据肌肉之间的协同作用制订了一套锻炼方案。通过接下来章节中的特定的组合锻炼，练习者能改善每一组肌肉群。正常情况下，练习者需要为每组肌肉群选择至少一套锻炼。但是练习者如果对特定的方面特别重视，可以增加运动。通常情况下，在开始阶段锻炼大肌肉群更好些，可以优先锻炼上页组合中后面的肌肉。这样，会有更多的精力来锻炼这些肌肉并且获得更好的效果。

- **组数**　每组肌肉群应进行 6~12 组练习，每组练习锻炼 2~4 遍。越大的肌肉工作能力越强，相比小肌肉，它们能耐受更多的锻炼。此外，小的肌肉在许多锻炼中（如手臂在许多上身的锻炼中，腘绳肌在各种复合的腿部锻炼中）会连带得到练习，这样就没有必要增加锻炼了。表 5-1 详细地列举了每组肌肉群合适的锻炼组数。在高级水平，高能锻炼十分激烈，所以应从低难度的锻炼开始。过度热情可能会导致过度锻炼，减慢进步。想要增加锻炼的难度和强度的时候，先评估锻炼的效果和需要增加的组数。
- **休息**　在初级锻炼计划中，两组锻炼之间的休息时间不宜超过 30 分钟。如果您对自己要求比较严格，可以尽可能地缩短休息时间，以免增加瞬间有氧效果和运动后过量氧耗（EPOC）。采用超级组（superset）和大型组（giant sets）（将在第 35 页提到）可加强瞬间有氧效果和 EPOC，最大化脂肪燃烧能力。
- **频率**　每组重复练习 15~20 次。依据自身情况可以适当减少重复练习的次数。如果想增大某一肌肉群，可以减少重复练习该肌肉群（减至 8~10 次）。一定要采用恰当的形式进行锻炼，在每次重复练习中保持肌肉的紧张度。
- **强度**　在充分热身后，每一组练习都要进行到不能再做，或接近不能再做的地步，也就是身体再不能完成一组动作的状态。如果感到某一肌肉群锻炼过度，不要继续过度锻炼，应该减小锻炼强度。这样可以保证肌肉的“硬度”，并且避免导致拮抗肌和激动肌力量方面巨大的不平衡。

塑形规则经过了时间的考验。数以千计的女性使用这个规则成功地塑造了自己的身材。如先前指出的一样，这个阶段是动态的，应该让身体和能力适应规则。在这一阶段，努力让身体变得绝无仅有！

表 5-1　每个肌肉群的锻炼组数

肌肉群	锻炼组数	肌肉群	锻炼组数
胸肌	8~10	股四头肌	9~12
背肌	9~12	腘绳肌和臀肌	8~10
肩部肌群	8~10	小腿肌群	6~9
肱三头肌	6~9	腹肌	6~9
肱二头肌	6~9		

建立针对性塑形计划

在针对性塑形阶段，可以根据个人需求调整计划。每个人对塑形艺术的认识是不同的，针对性塑形的最终目的是使锻炼者获得心中希望的身材。有时候看到真实的自己很困难，女性常常对自己的身材有错误的认识。因此，应该尽量客观地看待自己的身材。当一个人能客观认识自己身材的时候，就能做出明智的决定以改善自身的不足。

在制订个性化计划前，应先评估自己的身体以选择合适的运动方案。尽管我们不能改变自己的基因，但我们确实能控制自己的体形。塑形能改变我们的身体比例，塑造出匀称的身体。例如，有的人腰部天生粗短，改变这个事实是不可能的，尽管可以通过锻炼减少腰部脂肪，但是腰部仍会看起来短粗；此时，可以通过塑形技巧给三角肌内侧和背部上方增肌，使肩膀和腰部的比例协调。这样，身体给人一种细腰和沙漏身材的错觉。塑形和错觉有关。运用正确的知识和努力，能掩饰先天的不足。

在接下来的章节中，将讨论九大肌肉群和检验每一处肌肉群塑形的可能性。每章中的“锻炼”表格含有多组锻炼方法，有机结合多种运动可以发挥最大效果；“锻炼建议”解释了优化锻炼的方法；“参考计划”展示了精心制造出令人兴奋的、定制计划的可能性。为每一组肌肉群选择一套锻炼方法。例如，在锻炼胸部时，可以第一组锻炼选择双杠曲臂支撑前倾(chest dip)，第二组锻炼选择上斜哑铃飞鸟(incline dumbbell flye)，第三组锻炼选择蝴蝶机夹胸（pec deck flye），然后，从中选择一组适合自己塑形计划的锻炼。

频率

练习者可以根据自身情况反复锻炼来实现健身目标。

* 一组锻炼重复4 ~ 6次(低频范围)最适用于增加肌肉力量。这种方法适用于增加力量的目标。

* 一组锻炼重复 8 ~ 12 次（中频范围）最适用于增加肌肉的整体强壮度。这种方法有利于增强体质。

* 一组锻炼重复 15 ~ 20 次（高频范围）最适用于提高肌肉耐力。这种方法适用于提升肌肉张力而不增大肌肉体积。

进行重复锻炼的速度是个具有争论性的问题。健身专家间关于做一次动作时最好的速度仍存在争议。关于这个主题的研究大部分还尚无定论。在高能健身系统，只要按照基础举重（the ABCs of lifting）的方法锻炼，完成一次动作的速度相对不重要：通常在练习者的掌控之内！保证目标肌肉参与每个动作；让肌肉重量可以在运动的积极阶段和消极阶段来回转换。动量或重力从来不主宰动作的速度。用流畅的、连贯的动作来保证目标肌肉受到完整的刺激，减少受伤的机会。

同样，有节奏地完成动作也是有益的。应该流畅地由一个动作过渡到下一个，为一组动作创造鲜明的节奏。这样有助于设置锻炼“印记”，易于锻炼正确的目标肌肉。

针对性塑形阶段的最佳效果

现在应该开始在健身中采取大型组了。一个大型组包括三组或更多不同的锻炼，没有休息间隙（和两个连续锻炼的超级组不同）。一个超级组等于两组；一个大型组包括三组（或更多）。通过连续三组或更多的锻炼，能产生比超级组更多的强度。因为锻炼是以快速连续的方式进行的，可以获得可观的有氧效应，增加运动后过量氧耗，加速脂肪燃烧。因此大型组对提高肌肉塑形十分有效。

为了从大型组中得到最佳效果，最好选择有角度变换的锻炼或会用到不同肌肉的锻炼。例如，好的腹部大型组应包括卷腹，反向卷腹和折刀式。仰卧卷腹注重锻炼上腹区，反向卷腹注重锻炼下腹部，折刀式锻炼的是腹斜肌。这些运动都对腹部肌肉产生压力，组合锻炼时，它们相互补充达到的效果远胜于单个锻炼。

为了正确采用高阶的塑形技巧，必须掌握肌肉解剖学。在高能健身的初始阶段，塑形能力有限，了解肌肉解剖学就足够了。为了达到终极目标，现在应该学习每个肌肉对身体的影响。笔者建议查看第一章的解剖图（第 6 页、第 7 页），学习各种肌肉的位置。如果确实敢于尝试，您可能需要一本解剖书，解剖知识将对身体塑形起到很大帮助。

第六章

性感的胸部

许多女性梦想拥有有型的胸部。然而不幸的是，胸部组织经常唱反调，屈服于重力、怀孕和年龄。“怎样才能防止胸部下垂？”，这是笔者被问过的最普遍的问题之一。尽管锻炼胸部不会从整体上改变胸部结构（胸部组织是脂肪，前面提到的，我们无法塑造脂肪），但可以通过强健胸骨附近的肌肉来防止它下垂。这样胸部可以被提起来，以对抗时间的破坏。

此外，尽管锻炼不会使人胸围大增，但可以让人产生丰满、性感的错觉。与其通过手术使胸部丰满，不如通过锻炼来保证自然轮廓。例如，改变胸部的内在方面意味着更多的分裂；建造胸的上部使其看起来更丰满。作为塑形者，您有能力以任何您选择的方式来塑造胸部。

塑形计划

胸部的肌肉纤维有着阳光般的外貌。它们附着于三个不同的骨头：胸骨、锁骨和上臂（肱骨），这些肌肉纤维向各个方向发散。由于这独特的构造，胸肌能从各种角度的锻炼中获益。胸部的锻炼分为复合锻炼和孤立锻炼。另外，需要注意在运动中不同点的锻炼提供张力的能力。

● **第一类**　推举（presses），俯卧撑（push-ups），双杠屈臂支撑前倾等。这些复合运动锻炼胸肌的同时也锻炼了次要肌肉。它们能帮助胸部变得丰满，通过加强周围肌肉力量，给胸部最大的支撑。通过改变健身椅的角度，转换锻炼胸部上部、中部或下部的重心。

● **第二类**　哑铃飞鸟等。这些独立的练习从身体的水平面开始。由于重力的作用，在运动的开始部分需要很大的力气。然而当举起重量时，压力会渐渐减小，至完成动作时肌肉张力就不存在了。因此，为了效果最大化，关注于每次动作的前半部分很重要，保证在运动开始时得到好的伸展。但是不要让手臂从水平面下开始伸展，这样做会给肩关节增加过度的压力，可能导致严重的伤害。

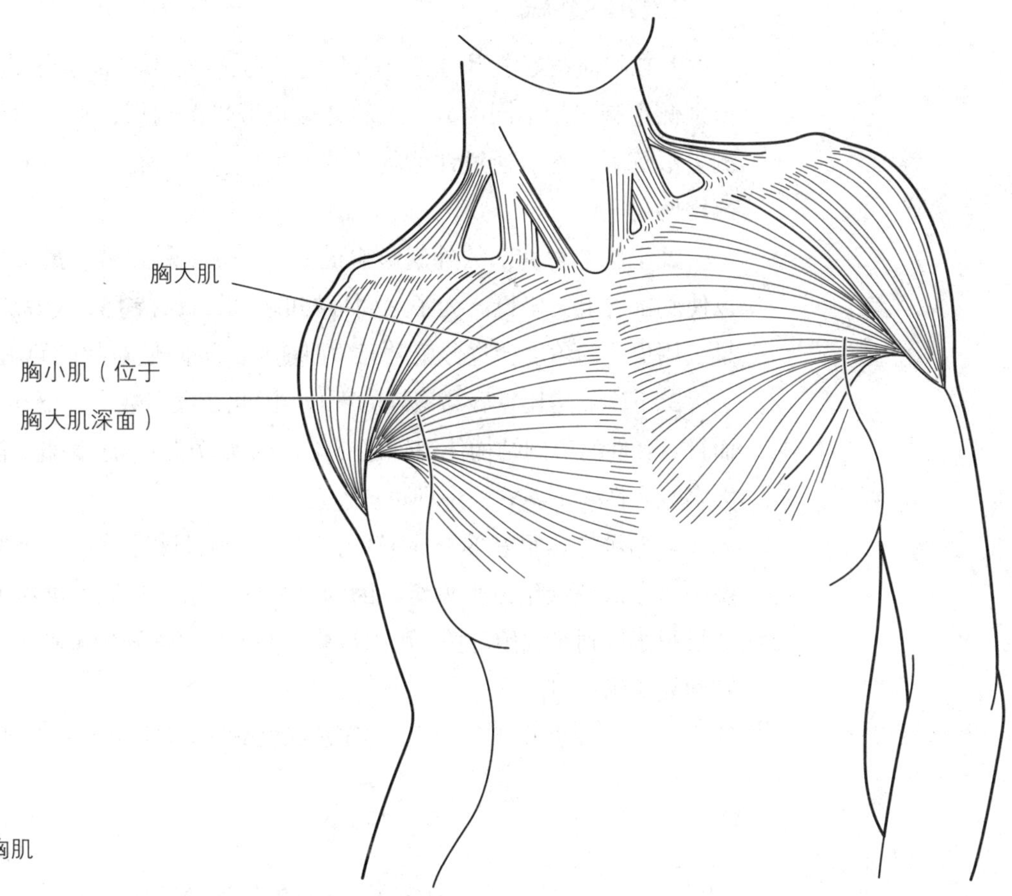

■ 胸肌

● **第三类**　蝴蝶机夹胸、夹胸（crossovers）等。这些独立的练习都可以使胸部看起来更有型。因为它们在运动过程中给胸部持续的张力，并在练习的最后阶段，肌肉得以强烈收缩。这样，通过在收缩最剧烈时有力地挤压胸肌，能够激活那些在自由负重锻炼中不活跃的肌肉纤维。

角度：一块肌肉由成千上万的小的、细长的肌纤维组成。当正确练习的时候，一项重量练习锻炼一块或一组肌肉的特定纤维。即，每项练习只锻炼一部分肌肉纤维。尽管一些特定的练习较其他练习可以刺激更多的肌肉纤维，但采取大量不同的练习，从不同的角度刺激肌肉纤维仍是必要的。通过使用多角度练习方法，最终可以锻炼到一块肌肉里的所有纤维，使体质可以得到完全改善。

当对锻炼有经验后，可能采取一定的角度练习来重点锻炼某一肌肉群。例如，可以选择重点锻炼上胸、三角肌或大腿内侧。这样有助于通过某一肌肉群的比例锻炼达到塑形的目的。但是要意识到这不是精确的科学。尽管一项练习可以给一块肌肉的特定纤维更多刺激，但它也可以给其他肌肉（次要肌肉）的纤维以刺激。因此，为了锻炼最优化，知道每个肌肉群的局限并且有针对性地采用塑形技巧很重要。

塑形建议

1. 在胸部锻炼中用的三个基本角度[上斜式（incline）、平式（flat）和下斜（decline）]分别侧重胸肌的不同部分。上斜式侧重锻炼上胸部，平式侧重锻炼中胸部，下斜式侧重锻炼下胸部。通过评估胸部的匀称性，可以有选择性地采用角度锻炼来优化胸部比例。

2. 上胸部对胸部的外观影响最大，因此上斜式锻炼最重要。如果锻炼正确，可以使胸部看上去坚挺。为了达到最好的效果，保持上斜式锻炼的角度为 30°~40°。如果采用更陡的角度会过分刺激三角肌前束，而降低对胸肌的刺激。

3. 下胸部是比较容易锻炼的部位，因此在大多数情况下几乎不需要直接的锻炼。而且，女性的解剖结构使锻炼这一部位的实效性不高。因此，除非下胸部特别虚弱，大多数女性略下斜式锻炼即可。

4. 俯卧撑是很好的补充锻炼，可以作为推胸锻炼的一个选择，也可以和其他锻炼一起组成超级组或大型组。因为体重的关系，有的人可能做这些锻炼比较困难。如果很难做到军式俯卧撑，可以调整姿势（从膝盖开始调整）。渐渐尝试军式俯卧撑，直到能做满一组。

表 6-1 和表 6-2 分别展示了锻炼胸部的运动项目和参考计划。

表 6-1　胸部锻炼运动项目

类	运动项目
第一类	双杠屈臂支撑前倾
	上斜哑铃卧推
	哑铃平卧推举
	上斜推胸机推胸
	俯卧撑
第二类	平板哑铃飞鸟
	上斜哑铃飞鸟
	下斜哑铃飞鸟
第三类	高位拉力器夹胸
	单臂拉力器夹胸
	低位拉力器夹胸
	蝴蝶机夹胸

表 6–2　胸部锻炼参考计划

套	在健身房中		在家中	
	运动项目	组数	运动项目	组数
第一套	上斜哑铃卧推	2	俯卧撑和上斜哑铃飞鸟的超级组	3
	平板哑铃飞鸟和俯卧撑的超级组	2	低位拉力器夹胸	3
	蝴蝶机夹胸	3		
第二套	上斜推胸机推胸和下斜哑铃飞鸟的超级组	3	平板哑铃飞鸟	3
	高位拉力器夹胸	2	上斜哑铃飞鸟	3
			单臂拉力器夹胸	3
第三套	平板哑铃飞鸟和上斜哑铃飞鸟的超级组	3		
	低位拉力器夹胸	2		
第四套	双杠屈臂支撑前倾	2		
	上斜哑铃卧推	3		
	平板哑铃飞鸟			
	单臂拉力器夹胸	3		

双杠屈臂支撑前倾

因为双杠屈臂支撑前倾要求用手臂抬起身体的重量，所以这对女性来说是比较难的运动。但是如果练就了足够的力量，结果是值得的！先用双手抓住平行双杆，然后屈曲双腿至90°，踝关节交叉，上半身向前倾斜，臀部向后。保持明显的向前倾斜，慢慢屈曲肘部，尽量使身体降低。最后回到开始的动作。

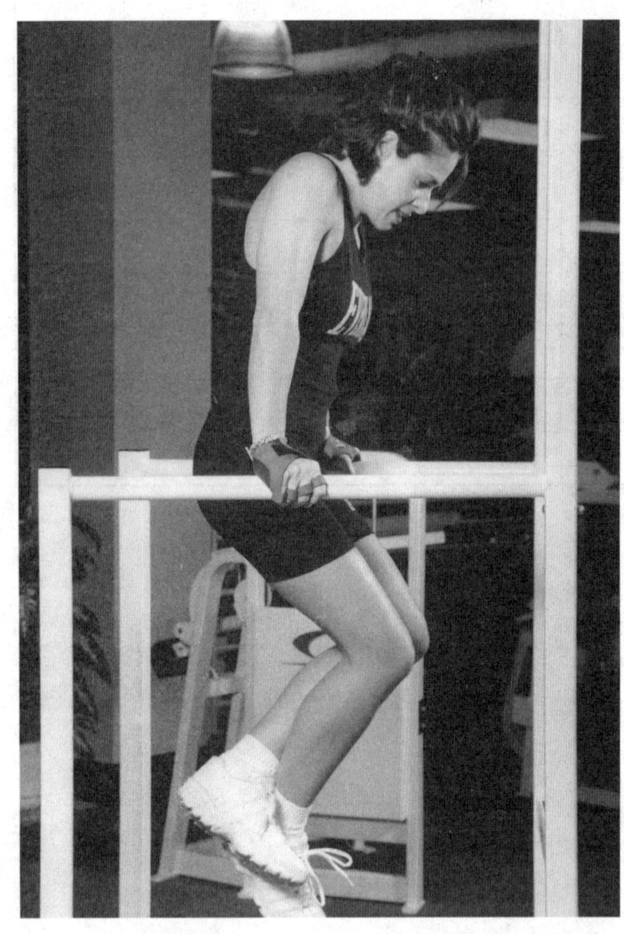

上斜哑铃卧推

上斜哑铃卧推是笔者最喜欢的锻炼上胸部的方法。平躺在靠背倾斜的健身椅上，脚在地板上放稳。双手握好哑铃，掌心向下；双手举哑铃至肩膀水平，使哑铃刚好位于腋窝上方。上推两个哑铃的同时内移它们至胸部正上方。在动作的最后，左右哑铃的内面应该相互接触。感觉胸肌的收缩，然后慢慢反向回到开始的动作。

上斜推胸机推胸

坐在坐姿推胸机上，调整机器把手与上胸部在同一水平线上。双手同肩宽，握住把手柄，手背对着身体。慢慢向前推把手，在手肘完全伸展前停下。动作结束时可以感到胸肌的收缩，然后慢慢回到开始的动作。

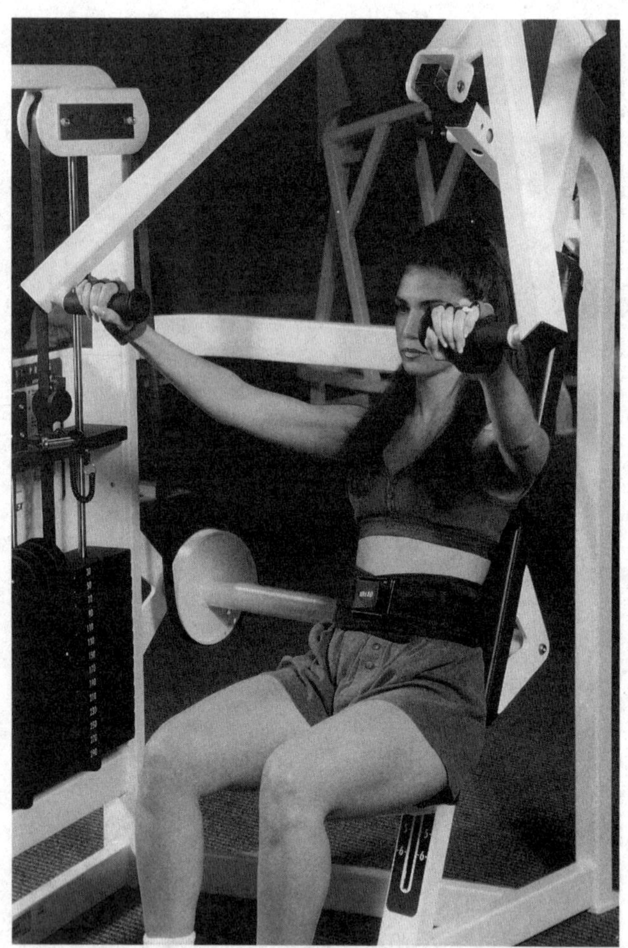

俯卧撑

俯卧撑是胸部推举运动的极好选择，并且练习起来很方便——几乎可以在任何地方练习！手和脚尖撑在地上，身体和腿保持紧绷；在整个运动中背部要完全挺直。弯曲胳膊，慢慢降低身体，胸部碰到地面前停住。在练习时可以感到胸肌被拉伸，然后反方向，以同样的节奏撑起身体，回到开始的位置。

平板哑铃飞鸟

平躺在平椅上，双脚平稳置于地面。两手在身体两侧分别握住哑铃，在整个动作中保持肘部略弯曲。掌心相对，前臂向上，上臂约与平椅同高。慢慢地以弧形上举哑铃，就像是抱一棵大树。在运动到最高点时双手慢慢并拢，在感到胸肌收缩后，慢慢以相同的节奏回到开始的位置。

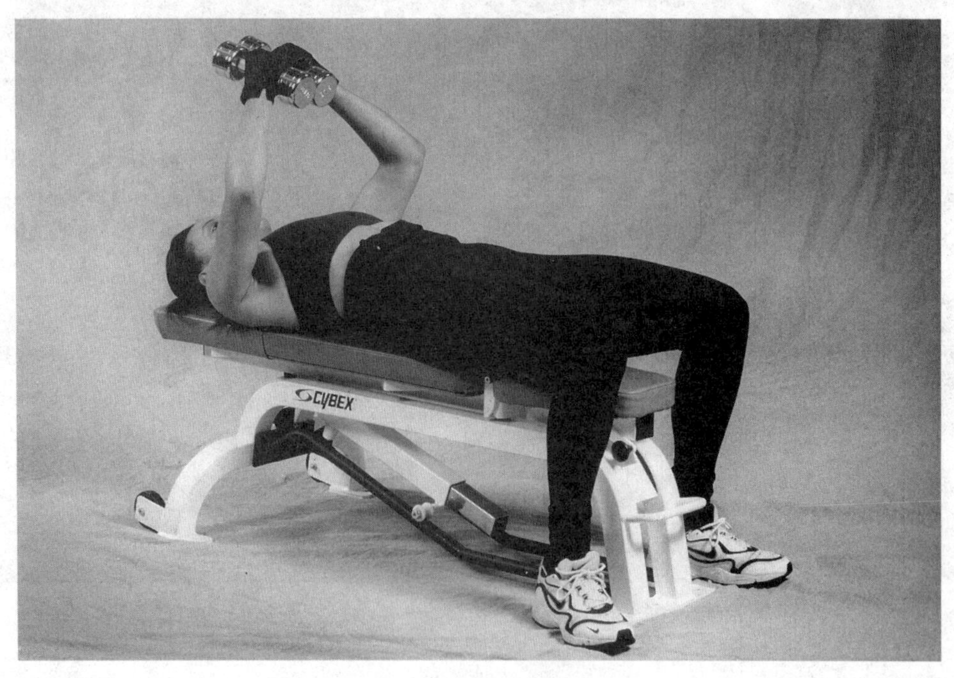

上斜哑铃飞鸟

平躺在 30° ~ 40° 斜椅上，双脚平稳置于地面。两手在身体两侧分别握住哑铃，在整个动作中保持肘部略弯曲。掌心相对，前臂向上，上臂约与斜椅同高。慢慢地以弧形上举哑铃，就像是抱一棵大树。在运动到最高点时双手慢慢并拢，在感到胸肌收缩后，慢慢以相同的节奏回到开始的位置。

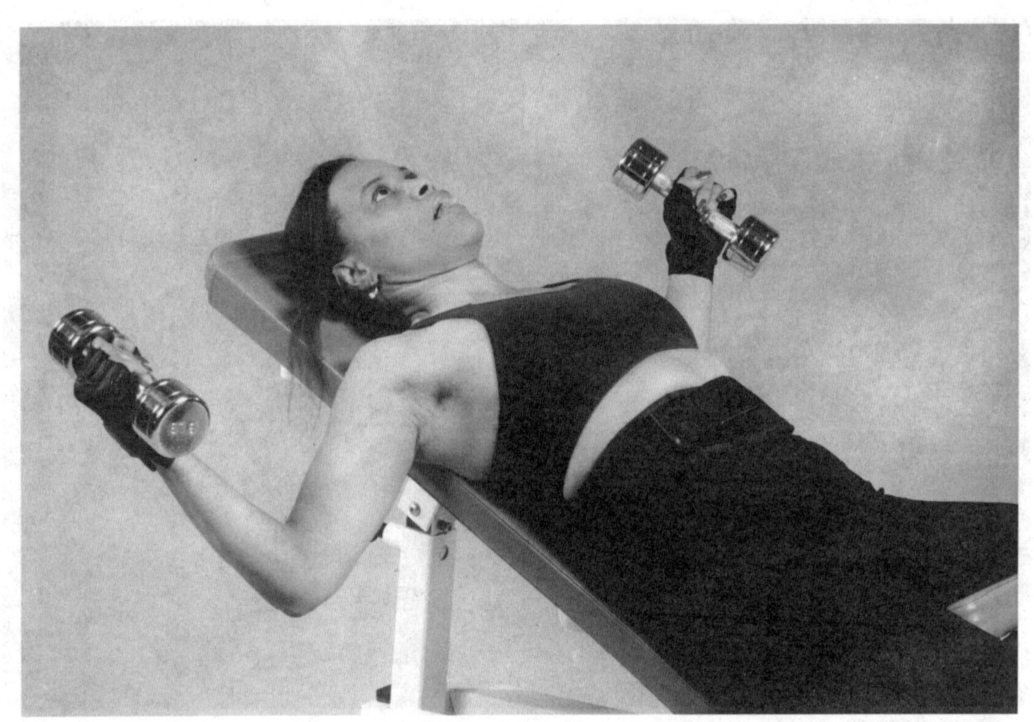

下斜哑铃飞鸟

躺在设置了合适角度的健身椅上。两手在身体两侧分别握住哑铃，肘部略弯。掌心相对，前臂向上，上臂约与斜椅同高。慢慢地以弧形上举哑铃，就像是抱一棵大树。在运动到最高点时双手慢慢并拢，感到胸肌的收缩后，回到开始的位置。

高位拉力器夹胸

握住拉力器（cable crossover）的把手。双脚打开同肩宽，腰部微向前倾。双手慢慢向下拉，以弧形拉拉力器至胸前并拢，挤压胸部肌肉，可以感到胸部肌肉的收缩。然后，慢慢反向运动，双手以相同节奏回到开始的位置。

单臂拉力器夹胸

这个动作关注胸部的每一面。用左手握住低位拉力器的把手。双脚打开同肩宽，腰部微向前倾。慢慢以弧形将拉力器拉到身前。在手跨过身体中线时，挤压胸肌，可以感到胸肌收缩。然后，慢慢反向运动回到开始的位置。在左手练习够设定次数后换右手重复。在家锻炼时，可以把拉力带和固定的物体绑在一起，然后按上述动作进行锻炼。

低位拉力器夹胸

因为肩膀在做这个动作的时候是屈曲的，这种夹胸方式锻炼上胸部的肌纤维。握住低位拉力器的手环。双脚打开同肩宽，腰部微向前倾。慢慢以弧形将圆环向上拉至身前。双手并拢，挤压胸部的肌肉，您会在乳沟（cleavage area）处感到收缩。然后，双手以相同的节奏慢慢反方向回到原处。在家练习这个动作时，可以把拉力绳和固定的物体绑在一起，然后按上述描述进行锻炼。

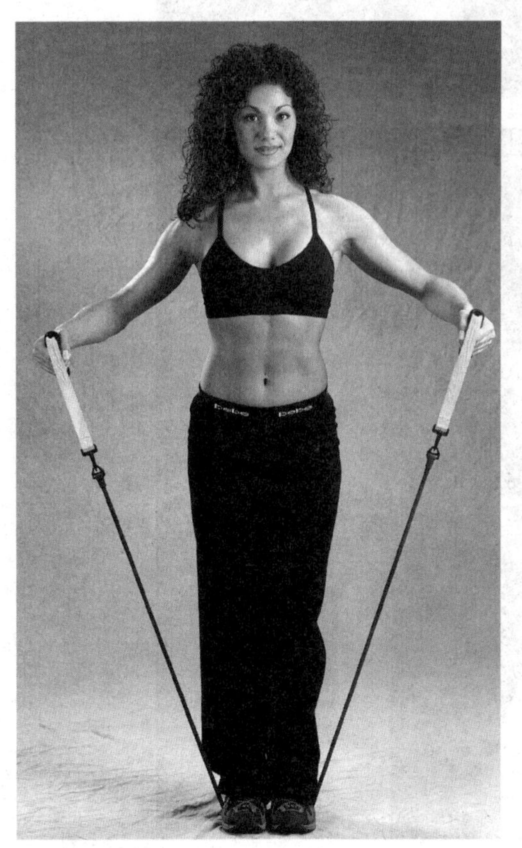

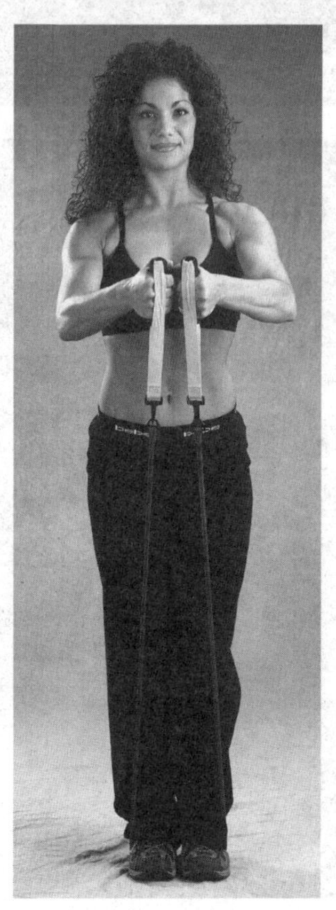

蝴蝶机夹胸

把前臂放在蝴蝶机的挡板上。在整个动作中，肘部一直压在挡板上，背部保持不动。同时推两个挡板，让它们慢慢在胸前接触。收缩胸肌，然后反动作慢慢回到开始的位置。

哑铃平卧推举

因为这个动作很自由，笔者倾向于更流行的卧推。平躺在平椅上，双脚平稳置于地面。握住两个哑铃，掌心向上，把它们放在腋上。同时把两个哑铃举到胸前，上举时，保证两个哑铃相对。在动作的最后，两个相对的哑铃面应该接触。感觉胸肌的收缩，然后反动作慢慢回到开始的位置。

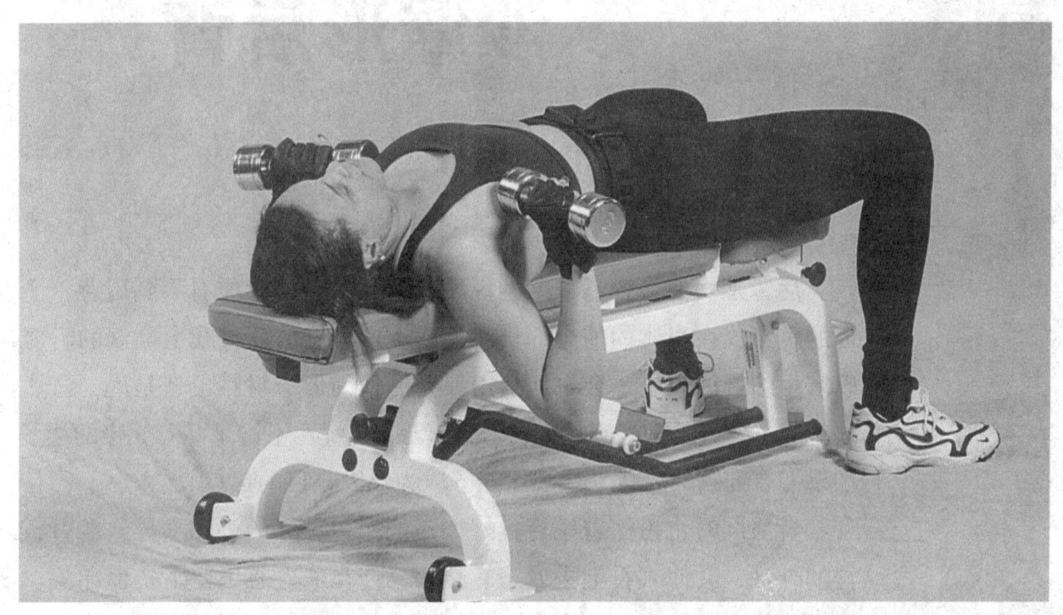

第七章

沙漏形后背

后背是女性最容易忽略的区域，因为站在镜子前看不到后背，所以很容易把塑形的重点放在身体的前半部。然而，塑形较好的后背配上圆润的肩膀，在视觉上可以产生细腰的效果，会更加凸出典型的沙漏形身材。也就是说，虽然自己很难看到这些效果，可是别人必然能够看到！无须担忧，不论是穿着无带的裙子还是游泳衣，如果拥有细致的后背，您必然能够成为众人瞩目的焦点。

背肌同时也扮演着维持良好姿态的角色，坏的姿态会导致驼背，以及疲劳、憔悴的外观，会使人看上去老态、衰弱，会在他人心里留下负面印象。反之，挺拔的姿态能使人拥有迷人的风采，在事业与社交上能赋予您自信的光环。

塑形计划

背部肌肉群是上半身最巨大的肌肉群，因身体结构关系，所以无法一次性有效地锻炼所有后背肌肉，必须依靠不同角度来使力量到达不同的后背肌肉。根据锻炼角度不同，后背锻炼分为以下三类。

● **第一类**　如高拉机锻炼、引体向上等。这些运动通过使用过顶的角度使拉力方向与身体平行。锻炼时可以使用更多方向，如直拉（颈后部下拉）或前拉（下拉时身体微后仰）。

● **第二类**　如坐式划船等。这些运动垂直下拉时可以最大限度地锻炼肩部肌肉，从而可以锻炼背部中心的肌肉群。这些运动有单手举哑铃和拉拉力绳的动作，有助于提高肌肉的平衡性与对称性。

● **第三类**　如直臂下拉、拉举等。这些抛物线运动（肩关节伸展）对锻炼背阔肌非常有效。通过延长肩胛骨，可活动连接背部与胸部的肌肉，即前锯肌。这些锻炼不仅可以用来补充坐式划船、引体向上等运动的不足，而且能够塑造背部轮廓，这一点很容易被忽视。

注意事项

每个星期至少锻炼一次肌肉非常重要。不可忽略任何肌肉群，尤其是初始阶段的锻炼。很多女性专注于难以瘦身的部位而排斥锻炼身体其他部位。笔者经常被问道："为什么要我锻炼后背，我并不介意后背的外形！"身体是一个整体，肌肉群之间相互作用，忽略任何一组肌肉群都将影响全身的对称，影响外在美观。因为主动肌与拮抗肌会互相抵制，锻炼某些肌肉群而排斥锻炼其他肌肉群最终将无法避免地导致外观的不匀称，这将会使肌肉功能发生改变而且更加容易发生损伤。

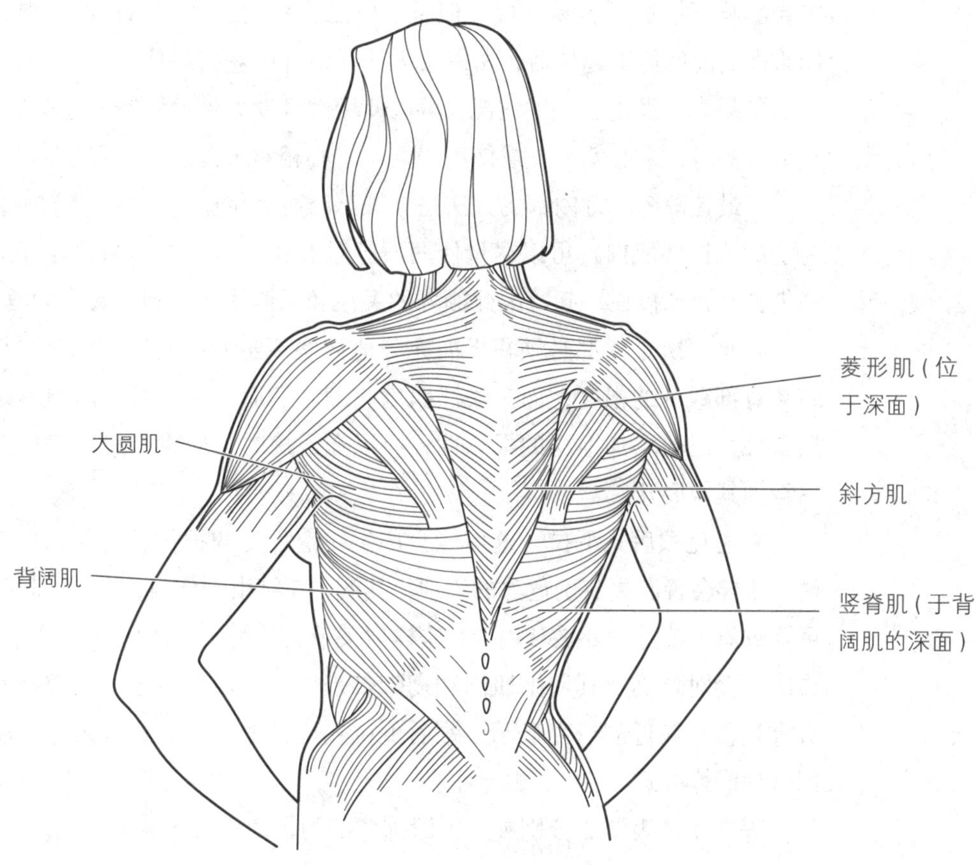

■ 背部肌肉

塑形建议

1. 双手握柄的间距应不同，可以分为紧密、中间、宽三种间距，这样可使锻炼方向与后背某些肌肉纤维呈一直线。在锻炼时，双手握距不要超过双肩太多，否则，不仅会限制能动的范围，还会降低锻炼的效果。

2. 使用反握（当上举过头时，掌心面对自己）刺激肱二头肌产生更高程度的锻炼，由此减轻对背部肌肉的压力。很多女性喜欢在锻炼中使用反握，因为在肱二头肌的次要影响下锻炼更容易完成。但是，肱二头肌的肌力不如背部肌肉，在充分锻炼目标肌肉之前就可引起疲劳，所以会无法从锻炼中获得最佳效果。

如果真的发生了上述情况，可以使用健身助力带。另外，可以保持掌心向下（当上举过头时，掌心朝下）或使用中立（掌心相对）握法，少点反握，多点花样。

3. 最佳锻炼后背内部的方法是在锻炼时有意挤压肩胛骨，使肩胛骨越靠近越好。为了锻炼这些肌肉，可以尽量使两肩胛骨互相接触。因为后背相邻的中心肌肉十分密集且互相连接在一起，因此额外的关注和强调才能得到最大化的效果。

4. 每一次重复都必须积极而充分地伸展不愿锻炼的那一部分。很多女性们常会缩减背部锻炼的幅度，而只关注肌肉收缩。然而，伸展背部肌肉不仅会增加肌肉的兴奋性，还会增加上身的柔软性，所以在锻炼时，应将重量轻轻放在肩胛骨上直至感觉到其伸展开。

5. 避免颈后式下拉，这可能会产生一定程度的损伤。首先，从生物力学方面来说，这样会置肩关节于危险的境地。其次，在结束动作时，肱骨（上臂骨）被迫后转，可导致肩关节过度外展和内旋；这样肩关节会承受巨大的压力，可引起软组织损伤。再次，会对颈椎及其周围肌肉和韧带带来伤害。最后，错误的拉杆方式有可能导致脊椎损伤。最近的研究显示，颈后下拉式比其他下拉方式效果差，所以没有必要采用这种锻炼方式。

表 7–1 和表 7–2 分别展示了锻炼背部的运动项目和参考计划。

表 7-1　背部锻炼运动项目

类	运动项目
第一类	高拉机前方下拉
	反握下拉
	V 杆下拉
	引体向上
第二类	坐式划船
	单臂坐式划船
	单臂哑铃划船
	T 杆划船
	单手站式低位划船
第三类	直臂下拉
	仰卧屈臂上拉
	卧式滑轮拉举

表 7-2　背部锻炼参考计划

套	在健身房中		在家中	
	运动项目	组数	运动项目	组数
第一套	引体向上	3	引体向上	3
	单手坐式划船	3	单臂哑铃划船	4
	直臂下拉	2	直臂下拉	3
第二套	高拉机前方下拉和坐式划船的超级组	3	引体向上	3
	单臂哑铃划船	3	单臂坐式划船	4
	仰卧屈臂上拉	3	仰卧屈臂上拉	3
第三套	反握下拉和 T 杆划船的超级组	3		
	单手站式低位划船	3		
	直臂下拉	3		
第四套	V 杆下拉	3		
	单臂坐式划船	4		
	卧式滑轮拉举	3		

高拉机前方下拉

首先，握住高拉机的直杆，双手同肩宽，掌心向前，膝关节稳妥置于固定软垫下，充分伸展手臂直至感觉到背阔肌完全伸展。保持稍微后倾的姿势，在下拉中弓起腰背部。肘关节向后屈曲，缓慢下拉直杆至上胸部。缓慢向后挤压、并拢肩胛骨，然后再慢慢回到开始的姿势。

反握下拉

在锻炼中使用健身助力带能有效地预防肱二头肌比背阔肌早出现疲劳。双手同肩宽，反握直杆，膝关节稳妥置于固定软垫下，充分伸展手臂直至感觉到背阔肌完全伸展。保持稍微后倾的姿势，在下拉中弓起腰背部。肘关节向后屈曲，缓慢下拉直杆至上胸部。缓慢向后挤压、并拢肩胛骨，然后再慢慢回到开始的姿势。

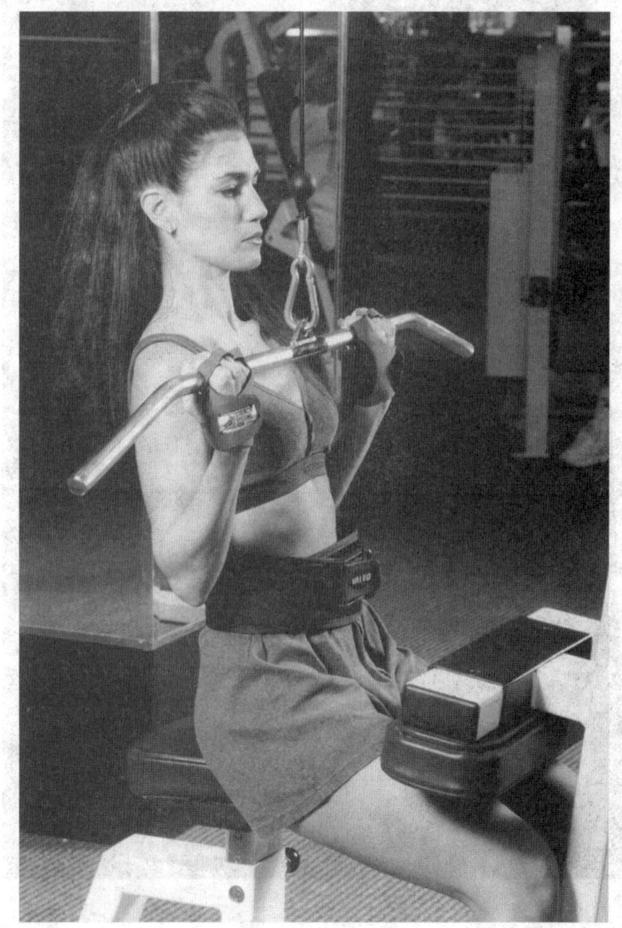

V 杆下拉

首先，握住高拉机的 V 杆，膝关节稳妥置于固定软垫下，充分伸展手臂直至感觉到背阔肌完全伸展。保持稍微后倾的姿势，在下拉中弓起腰背部。肘关节向后屈曲，缓慢下拉直杆至上胸部。缓慢向后挤压、并拢肩胛骨，然后再慢慢回到开始的姿势。

引体向上

双手同肩宽，握住上方的引体向上杆。充分伸展手臂直至感觉到背阔肌完全伸展。弓起后背，缓缓上拉身体，直到下巴高过引体向上杆。收缩背阔肌，然后缓缓回到开始的姿势。如果完成这项锻炼有困难，可以使用辅助单杠测练器（如果健身房有的话），它可根据锻炼者的情况减少阻力，以完成预期的锻炼组数。

坐式划船

首先，双手掌心相对握住手环，坐在滑轮前，然后将双脚踏在踏脚垫上，保持膝关节微微屈曲。充分伸展手臂直至感觉到背阔肌完全伸展。慢慢将V杆拉至下腹部，双肘贴近身体两侧，背部微微弓起。当手柄触及身体时，向后挤压、并拢肩胛骨，然后再慢慢回到开始的姿势。在家中锻炼时，可以把拉力绳和固定的物体绑在一起或是绕在脚上，然后按上述描述进行锻炼。

在家中

单臂坐式划船

单臂坐式划船在坐式划船的基础上进行了很酷的改变。左手拉手环，坐在滑轮前，然后将双脚踏在踏脚垫上，保持膝关节微微屈曲。充分伸展手臂直至感觉到背阔肌完全伸展。缓缓拉手环至左下腹部，保持左肘贴近身体左侧，背部微微弓起。在动作结束时，收缩左侧背阔肌，然后缓缓回到开始的姿势。左侧完成预期的锻炼组数以后，同法锻炼右侧。在家中，可以把拉力绳和固定的物体绑在一起，然后按上述描述进行锻炼。

在家中

单臂哑铃划船

因为单臂哑铃划船是单边动作，所以更易于专注背部的单边锻炼，置左手和左小腿于平椅，右脚站稳。整个过程中，躯干必须平行于地面。右手握紧哑铃悬于右侧，掌心向内。右肘贴近身体，向上后提哑铃直至触及臀部。注意，运动时，背部要保持平坦、紧绷。感到上背部有紧绷感时，反方向缓缓回到开始的姿势。右侧完成预期的组数后，同法锻炼左侧。

T 杆划船

开始时，保持站姿，身体微前倾，腰背部微弓。双臂垂直向下，掌心向内，握紧 T 杆。双肘贴近身体两侧，将 T 杆向上拉至所能到达的最高高度，收缩上背，反方向缓缓回到开始的姿势。锻炼时，一定要注意保持腰背部适度挺直，因为任何的脊柱弯曲都有可能导致严重的损伤。

单手站式低位划船

用右手握住低滑轮手环，后退一步，伸展右臂直至感到背阔肌伸展。右腿在后，左腿在前并屈曲，重量压于左腿。缓缓地拉手环至右前侧，保持右肘贴近身体。收缩右侧背阔肌，反转方向，缓缓回到开始的姿势。右侧完成预期的组数后，同法锻炼左侧。

直臂下拉

因为拉力存在于整个锻炼过程中，所以其是替代哑铃下拉的好项目。握住附在滑轮上的过头直杆，微弯肘关节，拉直杆到眼前。保持身体的前倾，缓缓以弧形下拉直杆至大腿。收缩背部肌肉，反转方向，缓缓回到开始的姿势。在家中锻炼时，可以把拉力绳和固定的物体绑在一起，然后按上述描述进行锻炼。

在家中

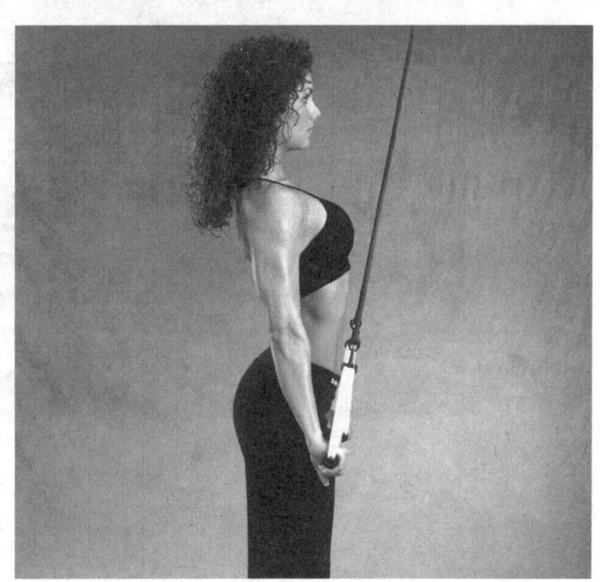

仰卧屈臂上拉

仰卧屈臂上拉是锻炼背阔肌和前锯肌非常好的基本动作。躺在平椅上，双手握住一个哑铃并上举至脸的正上方，保持手臂的微弯，缓缓将哑铃移至头部下方，动作越舒适越好，感觉背阔肌的伸展。然后，反转方向，返回至开始位置时，挤压背阔肌。

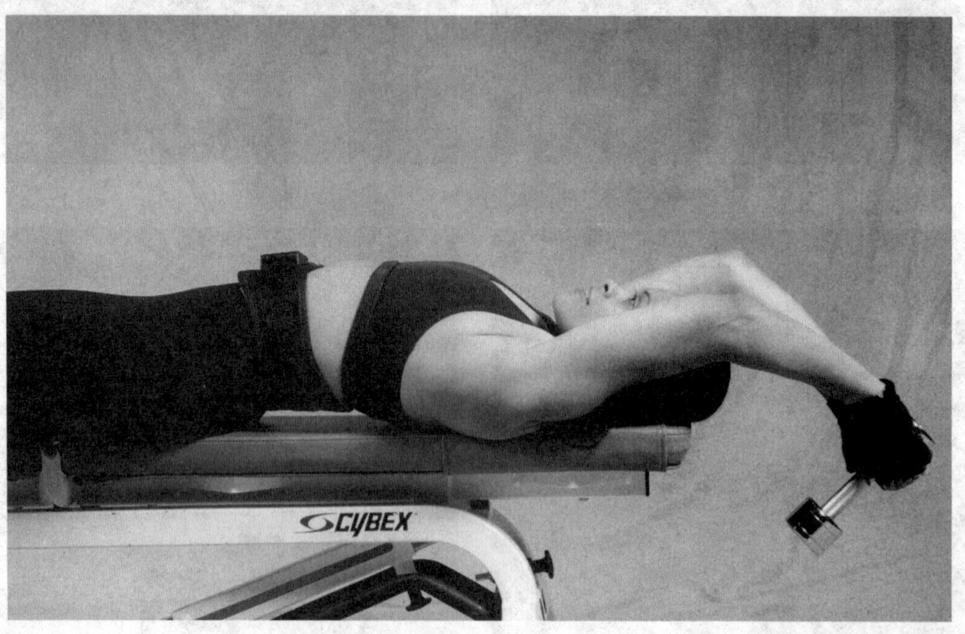

卧式滑轮拉举

躺在平椅上，平椅位于低滑轮机的前方。连接直杆和低滑轮机，双手握住直杆。保持双臂微弯，弧形上拉直至直杆在脸部上方。收缩背阔肌，反方向缓缓回到开始的姿势。

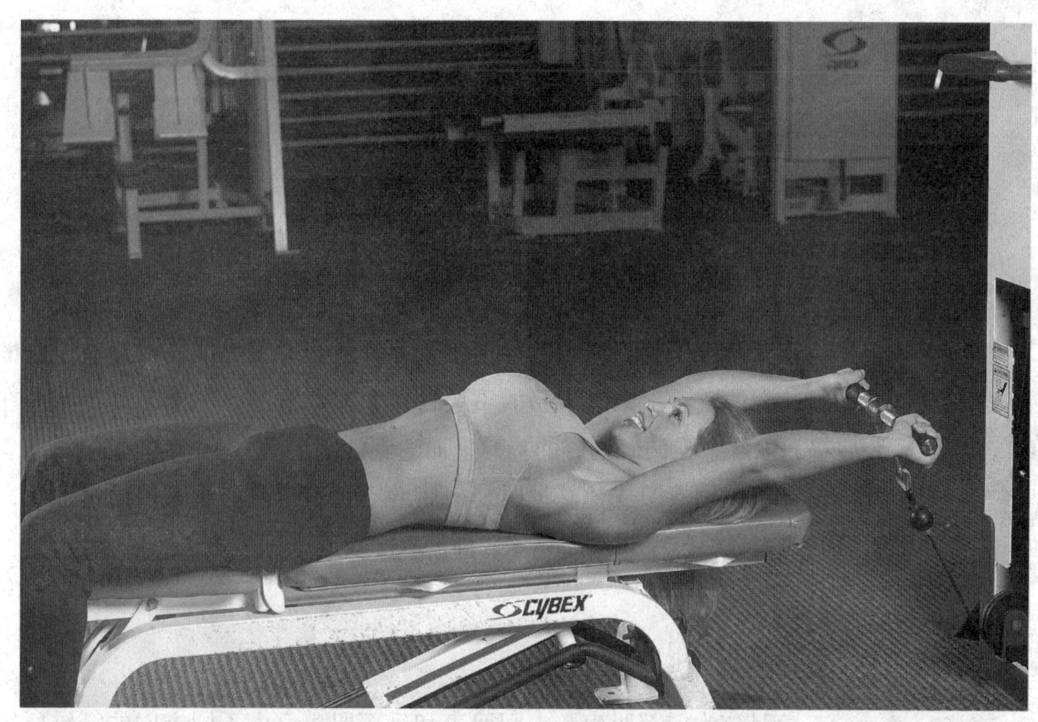

第八章

匀称的肩膀

从审美角度来说，肩膀的外形很重要，适当的锻炼能使体形有全新的感觉。从女性服装就可以看出圆润肩膀的重要性，大多数时尚女性服装设计师会在外套上加装肩垫，以此来强调肩到臀的差异，而达到沙漏形身材。

在穿着无袖衣服或比基尼时，肩膀的不足就会凸显出来。通过锻炼，可以得到自然的窈窕身材，这样不论穿什么样的衣服看起来都棒透了。

塑形计划

三角肌分为前部肌束、中间肌束和后部肌束，由不同方向的纤维所组成。为了使肩膀完美，每个方向的肌束至少有一类锻炼。因此，锻炼分成三类。

- **第一类** 过头推举、前平举等。这些运动主要锻炼三角肌前部肌束。和当今流行的意见相反，过头推举是锻炼三角肌前部肌束的重要运动。当然，三角肌的三组纤维（以及很多其他支撑肩膀的肌肉）在完成动作时是相当复杂的。前部肌束对抗着地心引力，这使得这部分的肌肉成为主动肌。前平举是独立的动作，主要锻炼三角肌前部肌束，对其他肌束的影响很小。

- **第二类** 侧平举、直立划船等。这些运动主要锻炼三角肌中部肌束，可以使肩膀有肩垫的效果（免去肩垫的需求），增加肩、臀的差异性，从而产生拥有更细腰围的视觉。侧平举是一个独立的动作，主要锻炼三角肌中部肌束。侧平举也是锻炼三角肌的主要运动。直立划船不但可以锻炼三角肌中部肌束，还可以刺激上背部与肩部的辅助肌肉。

- **第三类** 屈身侧平举等。这些运动主要锻炼三角肌后部肌束。三角肌后部肌束可能是最难锻炼的肩部肌肉。由于三角肌后部肌束很难受到间接锻炼，因此需要由独立的运动来完成。忽略三角肌后部肌束的锻炼会使肩膀失去匀称性，也会导致三角肌结构上的不对称，包括三角肌的肌束方向，这些可导致肩关节的伤害。

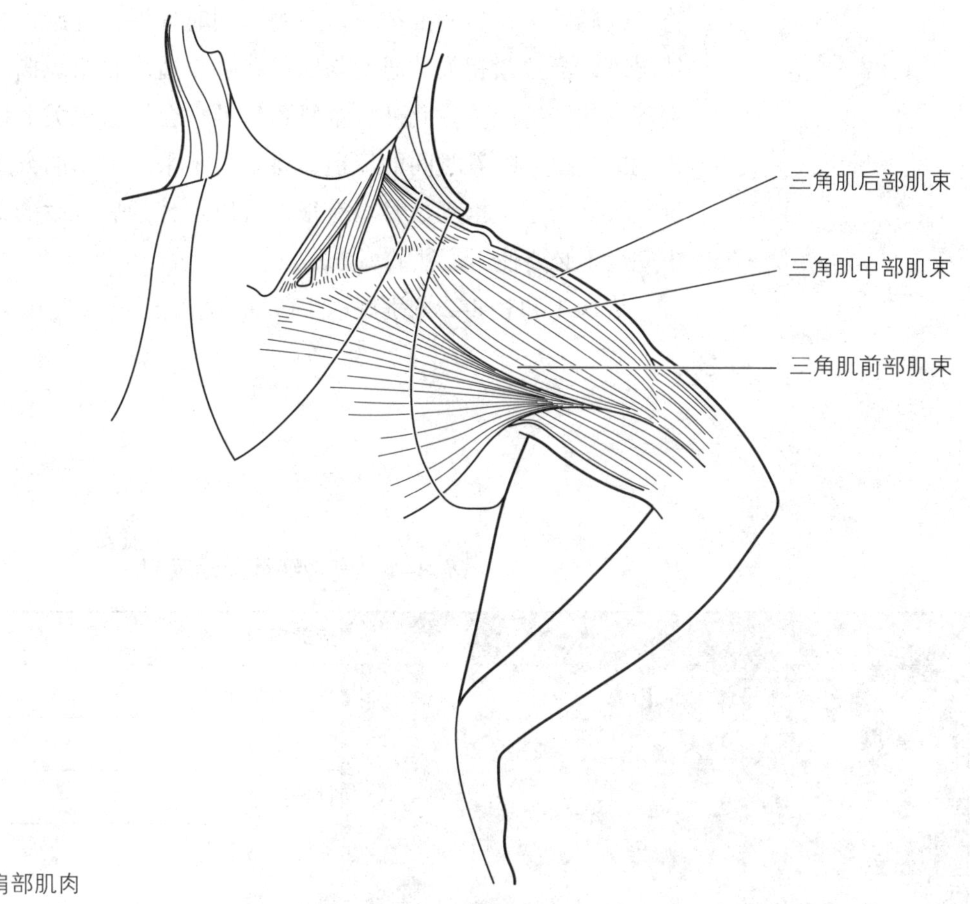

■肩部肌肉

塑形建议

1. 在大部分胸部锻炼中，三角肌前部肌束得到很多锻炼，因此，适当地使用独立的运动（前平举）来锻炼三角肌前部肌束，可以避免过度锻炼三角肌前部肌束。

2. 阿诺德推举能增加锻炼的多样性，并能改良三角肌的外形。阿诺德推举有助于刺激被其他锻炼忽略的肩关节水平外展肌肉纤维。因此，阿诺德推举是常规推举的有效补充。

3. 肩膀的宽度主要由三角肌中部肌束决定。如果天生腰部不匀称，应注意塑造肩膀使其有较丰满的宽度，这样能使腰围看起来纤细，从而产生凹凸有致的体形。如果天生肩膀宽阔、腰部纤细，则应专注于匀称、平衡。

4. 缺乏热身和锻炼技巧常常导致肩膀损伤。因为肩关节活动范围宽广（肩关节是唯一能自由旋转的关节），较其他关节更脆弱、更容易受伤，所以锻炼前应充分热身，并且要以正确的形式锻炼。

5. 因为颈后推举可造成潜在的肩关节损伤，所以应避免颈后推举。如前所述，因为肩膀活动范围宽广（可以在各个平面活动），其相当不稳定（关节灵活度越高，稳定性越差）。颈后推举时，肩关节同时外展、外旋，会撞击肩袖。在承受重量的情况下，会拉紧相关的肌腱与肌肉，甚至造成软组织撕裂。在动作开始时，力量特别容易达到极限值。此外，重复颈后推举会导致肩关节韧带伸展，增加永久延伸与松弛的概率。随着时间的流逝，将不得不采用手术的方式来加固松弛的韧带，而锻炼也会因为手术推延数月。有很多可以代替颈后推举的锻炼方法，所以在身体塑形中完全不必要使用这种锻炼方式。

表 8-1 和表 8-2 分别展示了锻炼肩膀的运动项目和参考计划。

表 8–1　肩膀锻炼运动项目

类	运动项目
第一类	哑铃前平举
	阿诺德推举
	哑铃推举
	器械肩膀推举
	颈前推举
第二类	哑铃侧平举
	拉力器侧平举
	拉力器立正划船
	器械侧平举
	哑铃立正划船
第三类	俯身侧平举
	俯身拉力器侧平举
	器械三角肌侧平举
	俯身哑铃侧平举

表 8–2　肩膀锻炼参考计划

套	在健身房中		在家中	
	运动项目	组数	运动项目	组数
第一套	阿诺德推举	3	哑铃推举	3
	哑铃前平举和器械三角肌侧平举超级组	2	哑铃立正划船	3
	俯身哑铃侧平举	3	俯身侧平举	3
第二套	哑铃推举和哑铃侧平举超级组	3	阿诺德推举和哑铃侧平举超级组	3
	器械三角肌侧平举	3	俯身哑铃侧平举	3
第三套	颈前推举和器械侧平举超级组	3		
	俯身侧平举	2		
第四套	器械肩膀推举	3		
	拉力器侧平举	2		
	俯身拉力器侧平举	3		

哑铃前平举

如果三角肌前部肌束相对于中部和后部肌束较薄弱，哑铃前平举恰恰可以锻炼三角肌前部肌束；如果没有这种情况，请适当进行这项锻炼。两手分别握住哑铃自然下垂，然后微微弯曲肘部，慢慢于身体正前方上举哑铃到肩膀高度。收缩三角肌，然后慢慢把重量移回开始的位置。

阿诺德推举

这是以阿诺德·施瓦辛格的名字来命名的一项锻炼，这是他最喜爱的肩部锻炼。坐在平椅边缘，两手分别握着哑铃，掌心面朝身体。上举哑铃至肩膀的高度。继续上举哑铃，同时旋转手掌，使掌心在上举至头部上方时朝前。在头部上方将两哑铃轻轻相触，然后按照原途径，慢慢回到原来的位置。

哑铃推举

哑铃推举是很有效的肩膀复合锻炼。坐在平椅边缘，双手分别握着哑铃，掌心向外，上举哑铃至肩膀的高度。缓缓向内上举哑铃，并在头部上方将两哑铃轻轻相触。收缩三角肌，然后慢慢把哑铃移回开始的位置。

器械肩膀推举

坐在肩膀推举器械上，握住机器上的手柄，掌心向前。缓缓上举手柄至头部上方，在手柄抬至最高处时，收缩三角肌，然后慢慢回到开始的位置。

颈前推举

坐在平椅的边缘，双手握住杆铃并上举至胸部上方，掌心向前。缓缓上举杆铃至头部上方，在上举至最高处时收缩三角肌，然后慢慢把杆铃移回开始的位置。

哑铃侧平举

这是典型的针对三角肌中部肌束的锻炼。双手握住两个哑铃并垂放在两侧髋部旁。微微弯曲肘部，慢慢向外上举起哑铃至肩膀高度，此时，哑铃后半部应比前半部略高。收缩三角肌，然后慢慢把哑铃移回开始的位置。

拉力器侧平举

站姿，拉力器位于右侧，左手握拉力器手环。微微弯曲肘部，向左上拉手环，横过身体至手臂与肩膀水平。在达到水平时，收缩三角肌，然后慢慢回到开始的位置。左侧完成预期的组数后，同法锻炼右侧。在家中锻炼时，可以把拉力绳和固定的物体绑在一起，然后按上述描述进行锻炼。

在家中

拉力器立正划船

拉力器立正划船是笔者喜欢的立正划船变式。双臂下垂，双手同肩宽，拉着拉力器上的绳索。双腿自然分开，膝关节微屈。缓缓将绳索平行身体上拉至上臂与肩膀水平。始终保持肘部高于腕部。收缩三角肌，然后慢慢把绳索移回开始的位置。在家中锻炼时，可以把拉力绳和固定的物体绑在一起，然后按上述描述进行锻炼。

在家中

器械侧平举

坐在侧平举器械前面，微微弯曲肘部，掌心相对，握住器械上的手柄。向外上抬起手臂至肩膀水平。收缩三角肌，然后慢慢回到开始的位置。

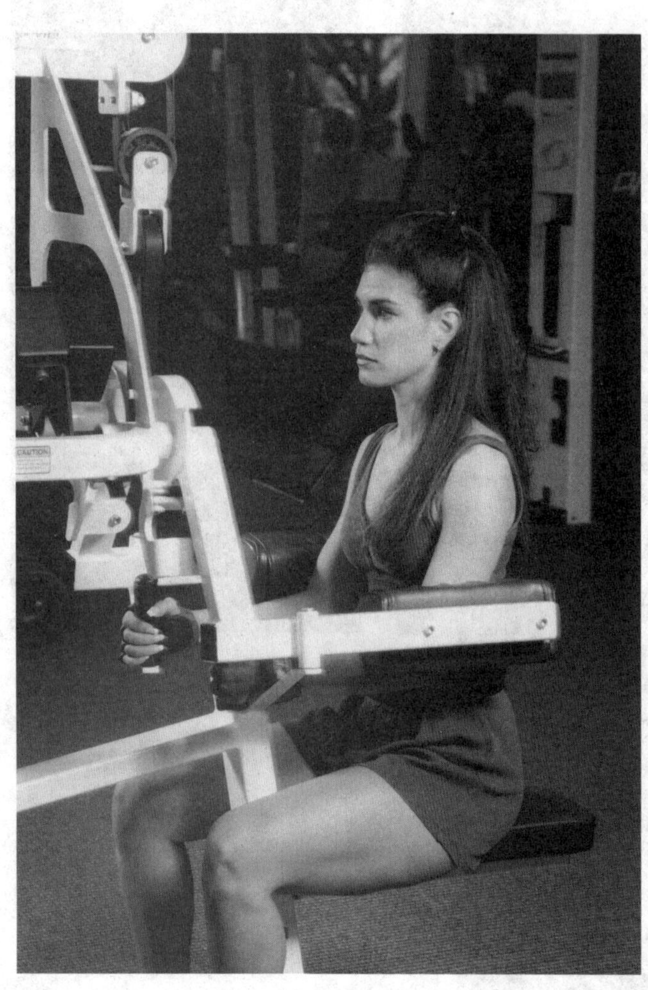

哑铃立正划船

双手分别握住哑铃，双臂下垂，掌心朝向身体。自然站立，双膝微屈。锻炼时，始终保持肘部高于腕部。缓缓平行身体提起哑铃至上臂与肩膀水平。收缩三角肌，然后慢慢把哑铃移回开始的位置。

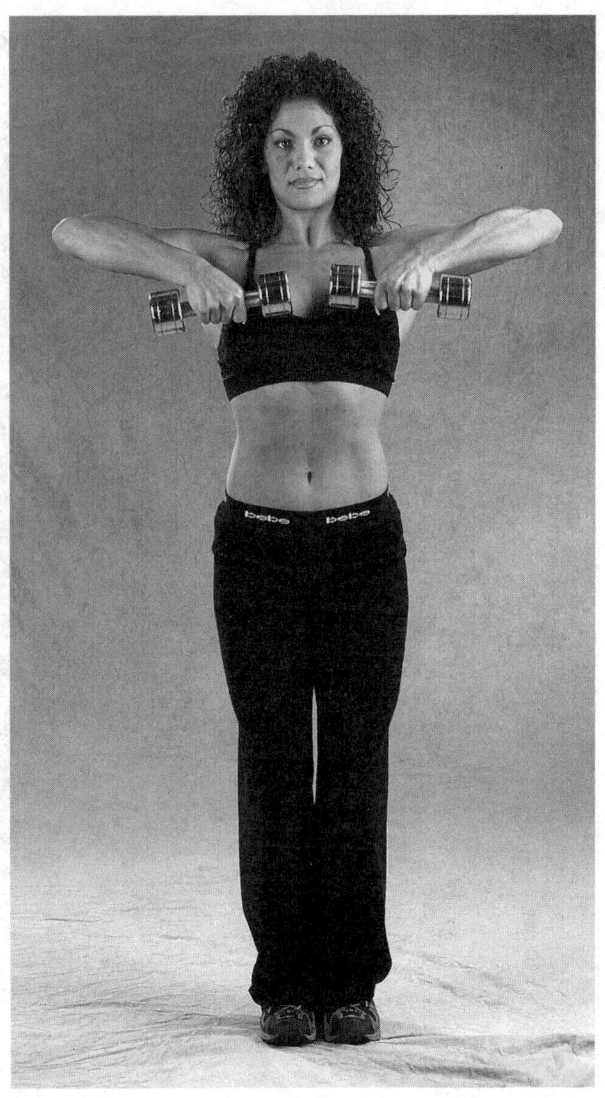

俯身侧平举

双手分别握着哑铃垂放于身前，上身向前屈曲至几乎与地面平行。微微弯曲肘部，向外上举起哑铃至双臂与地板平行。在双臂与地板平行时，收缩三角肌，然后慢慢回到开始的位置。注意不要摇晃身体，否则，将会导致无法有效锻炼目标肌肉。

俯身拉力器侧平举

右手握住拉力器手环，上身向前屈曲至几乎与地面平行。右侧肘部微屈，上拉手环穿过身体前部，而后继续向外上拉手环至右侧手臂与肩膀平行。收缩三角肌，然后慢慢回到开始的位置。右侧完成预期的组数后，同法锻炼左侧。在家中锻炼时，可以把拉力绳和固定的物体绑在一起，然后按上述描述进行锻炼。

在家中

器械三角肌侧平举

面向蝴蝶机而坐，微微弯曲肘部，掌心相对，握住手柄。尽量舒适地以弧形缓缓向后拉手柄。始终保持手臂与地面平行。收缩三角肌，反方向回到开始的位置。

俯身哑铃侧平举

笔者喜欢俯身哑铃侧平举这个动作，因为这项练习可以稳定身体使辅助肌肉的活动降到最低。俯卧在约倾斜 30° 的斜椅上，双手分别握住哑铃垂在身前。微微弯曲肘部，向外上举起哑铃至双臂与地面平行。收缩三角肌，然后慢慢把哑铃移回开始的位置。

第九章

圆润的肱二头肌

肱二头肌是传统的、最爱被人炫耀的肌肉。匀称的二头肌是健康与力量的象征，弯曲手臂时是显而易见的。配合肱三头肌的话，更能吸引人们的目光，并可在无袖的衣服中展现魅力。

日常生活中，我们经常用到肱二头肌。我们用肱二头肌提取物体、抱孩子、将杂物放进车子、重新摆放家具……锻炼肱二头肌，可以使这些活动变得更容易。

塑形计划

肱二头肌是位于上臂上方的两个头的肌肉，大多数女性此处不会储存很多脂肪（与肱三头肌相反，肱三头肌易储存脂肪），因此肱二头肌较其他肌肉容易练就。

因为二头肌上端横跨肩关节（也称盂肱关节），锻炼中，肩关节在伸展（肘部在身体后面）时较活跃，弯曲（肘部在身体前面）时欠活跃。也就是说，不同的握法会影响肱二头肌的锻炼：旋后的握法（掌心朝向身体）可以最大化肱二头肌的锻炼；中立的握法（掌心相对）可将大部分对肱二头肌的锻炼转移给肱肌。因此，对于二头肌的锻炼应依据是否伸展肱二头肌长头和握法来进行分类。

- **第一类** 上斜哑铃弯举、坐姿弯举、曲杠铃弯举等，这些锻炼针对肱二头肌长头（位于上臂外侧），可以增加肌肉伸展性。肘部后拉得越多，施加于肱二头肌长头的力量就越大（即上斜哑铃弯举较坐姿弯举锻炼肱二头肌长头的效果更好）。锻炼肱二头肌长头不仅可以增加肱二头肌的力量，而且可以使上臂侧面观更美丽。

锻炼累积

重量锻炼能以多种方式雕刻身材，可以通过重量锻炼来增加肌块、提升力量、强壮肌肉，也可以通过其他方式改变身材。大多数女性很难显著增加肌肉量（很多男性也有同样的问题）。几乎所有女性都不能做到肌肉极度发达，主要是因为睾酮水平低。

虽然通过数年锻炼可以拥有肌肉强健的体格，但是稍不注意就会减少已经练就的肌肉数量。减少锻炼时间或强度将会导致肌肉萎缩，因此不必担心锻炼会使您变得粗壮或肌肉极度发达。

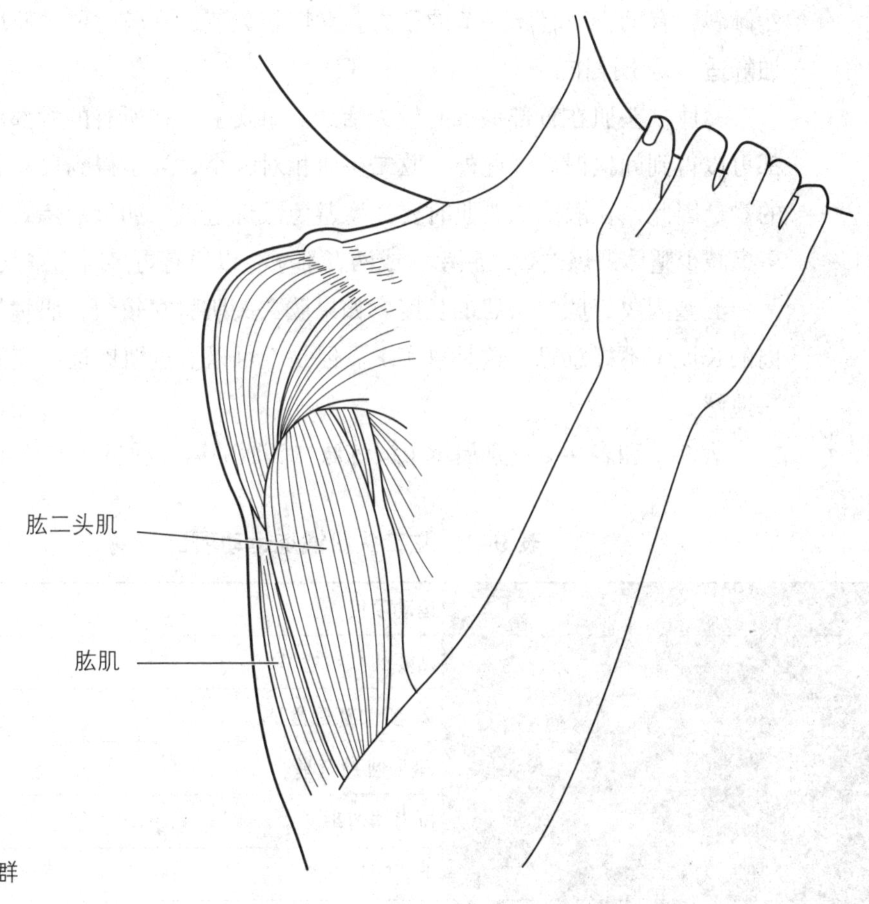

■肱二头肌群

● **第二类**　斜托杠铃弯举、单臂哑铃弯举、俯卧上斜弯举等。这些锻炼注重锻炼肱二头肌短头，可限制肱二头肌长头的伸展性。肱二头肌短头位于上臂内侧，可使上臂看起来丰满、圆润。

● **第三类**　哑铃锤式弯举等。这些锻炼使用中立握法，因此是针对肱肌（肱二头肌的替代肌肉，参与屈肘）的锻炼。肱肌位于肱二头肌与肱三头肌之间，修饰手臂的细节。正确地锻炼肱肌有助于勾勒肱二头肌与肱三头肌的轮廓，使它们轮廓分明。

塑形建议

1. 为了达到不同的感觉，可以使用旋前握法（掌心朝前）。这种握法重点锻炼前臂肌肉。除非真的需要锻炼前臂，否则慎用这种握法，或仅在增加锻炼多样性时使用。

2. 在使用杠铃锻炼时，曲杠铃通常比直杠铃效果好。曲杠铃的弯曲使腕关节自然倾斜，有助于减轻腕关节的压力。女性腕关节通常较薄弱，使用曲杠铃使锻炼更加舒适、易于操作。

3. 肱二头肌在背部锻炼时较为活跃。事实上，在所有的背部锻炼中，肱二头肌都可以得到间接锻炼。此外，肱二头肌相对较小，为了得到最大刺激需要限制锻炼的量。因此，在锻炼二头肌时要注意避免锻炼过量。如果锻炼效果低于预期，需要考虑减少整体锻炼次数、频率，或两者都减少以便有更多时间来恢复。

4. 基因决定肱二头肌的长度。如果肱二头肌肌腹较短，肌腱较长，很难增加肌肉的长度（不好意思，这是事实）。但是，可以通过肌肉逐渐变细的错觉来补偿这一遗憾。

表 9–1 和表 9–2 分别展示了锻炼肱二头肌的运动项目和参考计划。

表 9–1　肱二头肌锻炼运动项目

类	运动项目
第一类	站姿曲杠铃弯举
	21 步曲杠铃弯举
	坐姿哑铃弯举
	拉力器弯举
	上斜哑铃弯举
第二类	斜托杠铃弯举
	单臂斜托哑铃弯举
	单臂哑铃弯举
	俯卧上斜弯举
第三类	哑铃锤式弯举
	拉力绳锤式弯举
	器械锤式弯举
	仰卧哑铃锤式弯举

表 9–2　针对肱二头肌的简单锻炼参考计划

套	在健身房中		在家中	
	运动项目	组数	运动项目	组数
第一套	上斜哑铃弯举	3	上斜哑铃弯举和俯卧上斜弯举超级组	3
	单臂斜托哑铃弯举	3	拉力绳锤式弯举	2
	哑铃锤式弯举	2	坐姿哑铃弯举	3
第二套	拉力器弯举和俯卧上斜弯举超级组	2	斜托杠铃弯举	2
	仰卧哑铃锤式弯举	3		3
	哑铃锤式弯举	2		
第三套	坐姿哑铃弯举和斜托杠铃弯举、拉力绳锤式弯举超级组	2		
第四套	站姿曲杠铃弯举	3		
	俯卧上斜弯举	2		
	器械锤式弯举	2		

站姿曲杠铃弯举

因为曲杠铃可减小腕关节的压力，所以相比直杠铃弯举，笔者更喜欢曲杠铃弯举。双手分开同肩宽，掌心向上握住曲杠铃。膝关节微微弯曲，肘部压在身体两侧，保持稳定性。缓缓向肩膀弯举曲杠铃，在曲杠铃弯举至肩膀高度时收缩肱二头肌。然后缓慢反转方向回到开始的位置。

21 步曲杠铃弯举

21 步曲杠铃弯举是标准弯举的变式，可改善运动中力量不足的弱点。掌心向上，双手同肩宽握住曲杠铃。膝关节微微弯曲，肘部压在身体两侧，在运动中保持稳定性。慢慢弯举杠铃直到肘关节屈曲 90°，然后回到开始的位置。重复 7 次以后，弯举曲杠铃至肘关节屈曲 90° 后，继续弯举至肩膀高度，而后回复至肘关节屈曲 90°，重复 7 次。最后，重复 7 次双手持曲杠铃完全下垂至弯举至肩膀高度的动作。

坐姿哑铃弯举

坐姿哑铃弯举是一项很好的、基础的锻炼肱二头肌的运动。坐在平椅边缘，双手分别握住哑铃悬在身体两侧，掌心朝前。下压肘部，在锻炼中保持稳定。缓缓向肩膀弯举哑铃。在弯举至肩膀高度时收缩肱二头肌。然后缓慢反转方向回到开始的位置。

拉力器弯举

拉力器弯举是笔者喜爱的肱二头肌锻炼之一。双手约与肩膀同宽，握住拉力器直杆，掌心向上。微屈膝关节，肘部压在身体两侧，在锻炼时保持稳定。缓缓向肩膀弯举直杆。在弯举至肩膀高度时收缩肱二头肌。然后缓慢反转方向回到开始的位置。

上斜哑铃弯举

上斜哑铃弯举是针对肱二头肌长头的锻炼。躺在倾斜 45° 的斜椅上。双手分别握住哑铃悬在身体两侧，掌心朝前。保持上臂的稳定性，缓缓将哑铃弯举至肩膀水平，其间保持肘部向后。收缩肱二头肌，然后缓慢反方向回到开始的位置。

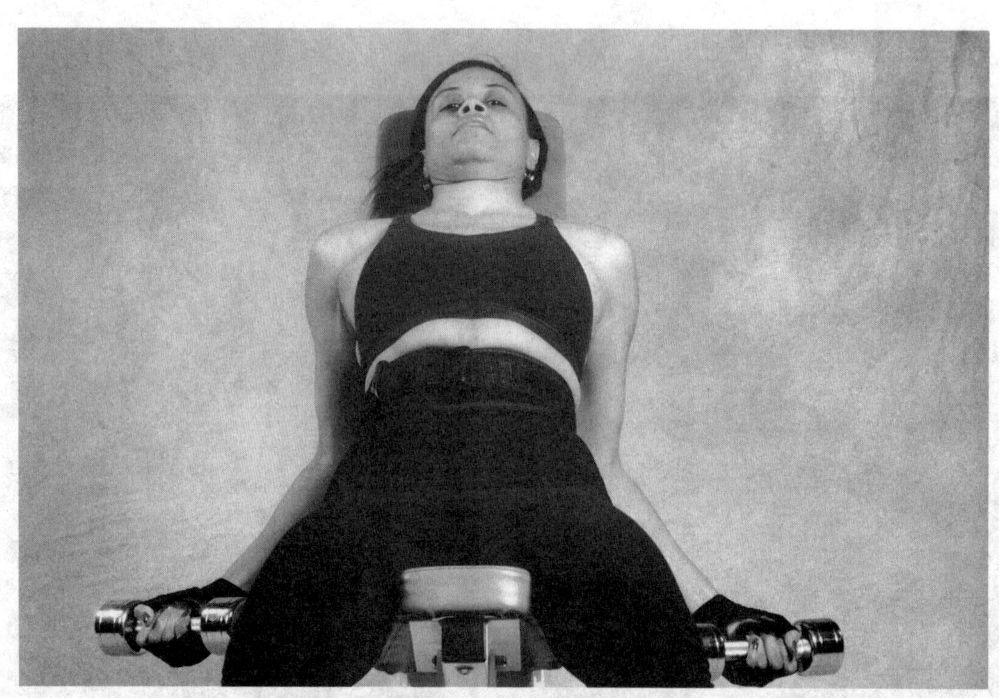

斜托杠铃弯举

双手握住曲杠铃，上臂放在牧师椅（preacher bench）的垫子上。保持上臂的稳定性，缓缓朝向肩膀水平弯举曲杠铃。在弯举至肩膀水平时收缩肱二头肌，然后缓慢反方向回到开始的位置。

单臂斜托哑铃弯举

右手握住哑铃。将右上臂置于牧师椅的垫子上，保持右前臂伸展的范围可以保护右肘部。上臂压在垫子上，缓缓朝向肩膀弯举哑铃。收缩二头肌，然后回到开始的位置。右侧完成预期的组数后，同法锻炼左侧。

单臂哑铃弯举

双腿分开，坐在平椅边缘。右手握住哑铃，右侧肱三头肌靠在右膝内侧。右臂伸直垂放于近地面处。向内上弯举哑铃。在弯举结束时收缩肱二头肌。然后反方向回到开始的位置。右侧完成预期的组数后，同法锻炼左侧。

俯卧上斜弯举

俯卧上斜弯举是锻炼肱二头肌短头最好的方法之一。俯卧于倾斜 45° 的斜椅上。双手分别握住哑铃，从肩膀向下垂放，掌心朝前。缓缓朝向肩膀弯举哑铃，其间保持上臂的稳定性。收缩肱二头肌，然后缓慢反方向回到开始的位置。

哑铃锤式弯举

哑铃锤式弯举是极棒的锻炼肱肌的方法。双手分别握住哑铃悬在身体两侧，掌心相对。坐在平椅上，肘部压在两侧，并在动作中保持稳定性。缓缓朝向肩膀弯举哑铃，并在弯举结束时收缩肱二头肌，然后缓慢反方向回到开始的位置。

拉力绳锤式弯举

双手分别握住拉力绳的两个尾端，双臂分开，掌心相对。微弯膝关节，以舒适的姿势站立。肘部压在两侧，在动作中保持稳定性。缓缓朝向肩膀提拉拉力绳，并在提拉结束时收缩肱二头肌，然后缓慢反方向回到开始的位置。在家中锻炼时，可以把拉力绳和固定的物体绑在一起，然后按上述描述进行锻炼。

在家中

器械锤式弯举

锤式弯举器械（hammer curl machine）不太常见，但它能很好替代其他种类的锤式弯举。坐在器械的平椅上，握住手柄，肘部放在垫子上，掌心相对。缓缓朝向肩膀弯举手柄，并在弯举结束时收缩肱二头肌，然后缓慢反方向回到开始的位置。

仰卧哑铃锤式弯举

躺在倾斜 45° 的斜椅上。双手分别握住哑铃并垂放在身体两侧，掌心相对。保持上臂的稳定性， 缓缓朝向肩膀弯举哑铃。在整个动作中保证肘部向后。收缩肱二头肌，然后缓慢回到开始的位置。

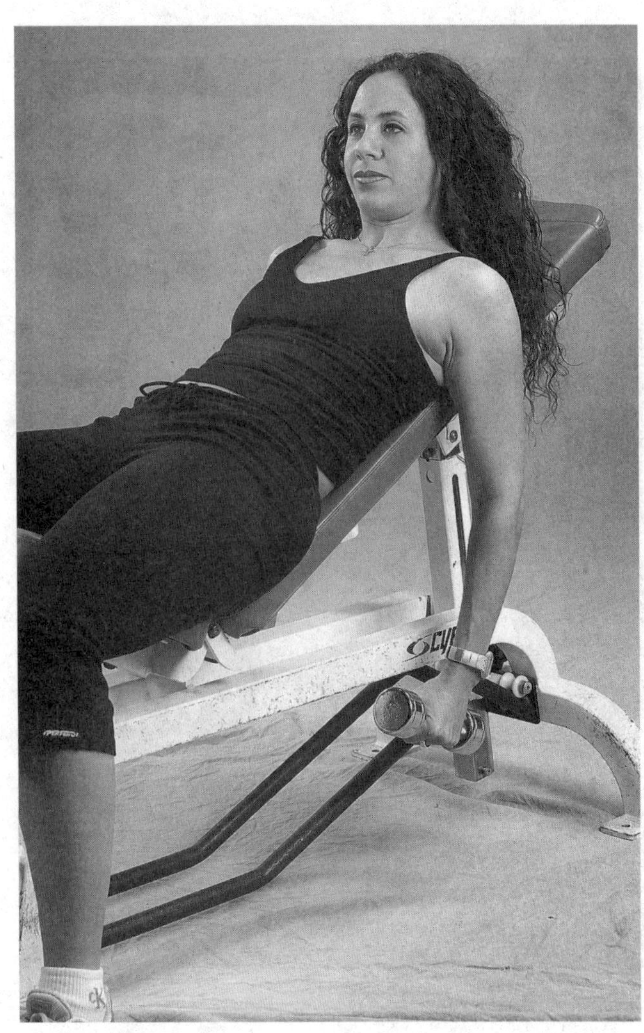

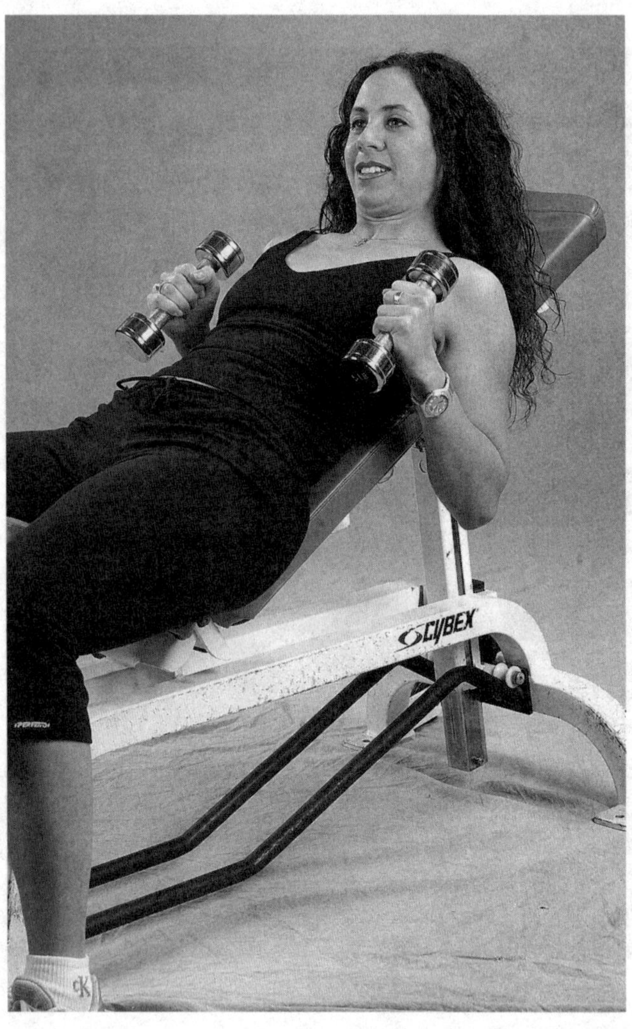

第十章

健美的肱三头肌

肱三头肌欠发达是身体老化的明显标志。由于女性很容易在肱三头肌处囤积脂肪，所以肱三头肌可以说是影响女性体形的一大问题部位。不锻炼，肱三头肌就会萎缩，最终皮肤松弛下垂形成“蝙蝠臂”。对于爱美的女性来说，这是很不希望看到的。此外，在胸部与肩部的许多锻炼中都会用到肱三头肌。如果肱三头肌薄弱，将很难或者根本不可能完成这些锻炼。这将削弱锻炼强度，并最终影响身体塑形的能力。

好在肱三头肌对锻炼比较敏感。一旦减脂成功、塑身目标达成，便会重获紧致、健硕的肱三头肌，使您一整年都会想着穿无袖衫。

塑形计划

肱三头肌是位于上臂中下部、有三个肌头的肌肉，约占该部位的 2/3。尽管将肱三头肌的三个肌头完全独立进行锻炼是不可能的，但可以通过改变肩关节的伸展方式来改变肌肉不同方位的锻炼重点。因此，肱三头肌的锻炼可根据重点锻炼肌头的不同而分为三类。

● **第一类**　过顶伸展等。上臂过顶完全伸展可以最大限度地锻炼肱三头肌长头。肱三头肌长头位于上臂底部，也是女性时常抱怨松弛下垂的部位。如果您手臂的赘肉在风中晃动，那就更需要锻炼这个部位了！肱三头肌过顶练习是消灭手臂赘肉的最佳方法。

● **第二类**　下压、臂屈伸等。当上臂与身体贴近时，能充分减少肱三头肌长头的伸展。因此，本组动作可以较好地锻炼肱三头肌的内侧头和侧面头（在上臂中部，这部分三头肌形似燕尾）。锻炼肱三头肌内侧头和外侧头能使上臂更精致和结实，凸显女性的华美。

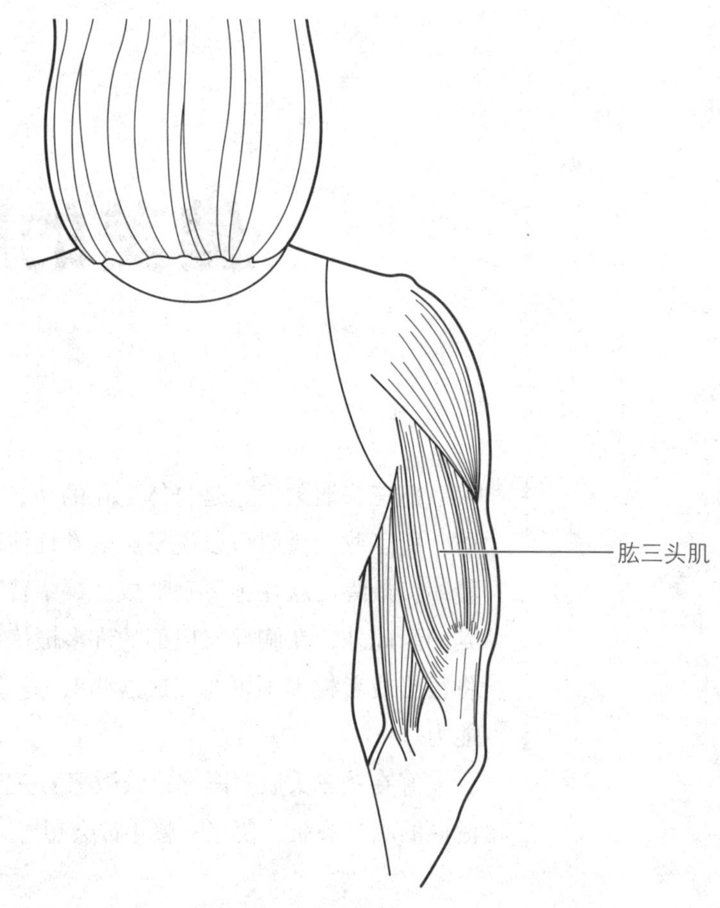

■肱三头肌群

● **第三类** “碎鼻者”、仰卧肱三头肌伸展等。这些动作上臂与躯干垂直，对肱三头肌三个肌头的锻炼几乎一样。它们是很好的锻炼肱三头肌的方式，有助于达到理想效果。请确保肘部在锻炼的时候保持不动，因为在伸直胳膊时会自然地伸展肩部，这样会减少对目标肌肉的锻炼。

塑形建议

1. 如前所述，肱三头肌在许多肩部和胸部锻炼，甚至有些背部锻炼中会得到辅助刺激。这些刺激在所有下压和推举动作里都会出现。因此，同肱二头肌一样，肱三头肌也很容易锻炼过度。尽管肱三头肌是比肱二头肌更大、更复杂，可以耐受更大的锻炼量，但仍然应该注意对其的锻炼总量。通常，不要超过九组完整的锻炼。

2. 借助绳索下压有助于锻炼肱三头肌外侧头。肱三头肌长头和内侧头在许多胸部和肩部的下压锻炼中获得的辅助刺激多于肱三头肌外侧头。绳索下压利用腕部增加对外侧头的锻炼，有助于上臂中部精致。也可以在动作快结束的时候旋转腕部（在肱三头肌收缩时手背相对）来加强这个部位的锻炼。这微妙的转腕能刺激在其他锻炼中被忽略的肱三头肌纤维。

3. 在所有肱三头肌的锻炼中肘部都应该贴近身体，以避免胸部和肩部运动。此外，因为肱三头肌的主要作用是伸展肘关节，所以在每一次重复动作时都应该保持上臂稳定。分离锻炼是塑造肱三头肌的关键。想达到最佳的锻炼效果，一定要在这两点上多加注意。

表 10–1 和表 10–2 分别展示了锻炼肱三头肌的运动项目和参考计划。

表 10–1　肱三头肌锻炼运动项目

类	运动项目
第一类	双臂过顶哑铃伸展
	器械过顶伸展
	单臂过顶哑铃伸展
	双臂过顶拉力绳伸展
	过顶绳索伸展
第二类	肱三头肌下压
	单臂反向下压
	窄握卧推
	俯身哑铃臂屈伸
	拉力绳臂屈伸
	肱三头肌撑体
	凳上反屈伸
	肱三头肌器械屈伸
第三类	“碎鼻者”
	单臂仰卧哑铃肱三头肌伸展
	双臂仰卧哑铃肱三头肌伸展
	仰卧拉力绳肱三头肌伸展

表 10–2 肱三头肌锻炼参考计划

套	在健身房中		在家中	
	运动项目	组数	运动项目	组数
第一套	双臂过顶哑铃伸展和肱三头肌下压超级组	2	双臂过顶哑铃伸展	3
	单臂过顶哑铃伸展	3	俯身哑铃臂屈伸	3
	单臂仰卧哑铃肱三头肌伸展	2	单臂仰卧哑铃肱三头肌伸展	2
第二套	单臂过顶哑铃伸展	3	过顶绳索伸展	3
	肱三头肌屈伸和“碎鼻者”超级组	2	肱三头肌屈伸和双臂仰卧哑铃肱三头肌伸展	2
第三套	器械过顶伸展	3		
	单臂反向下压	3		
	双臂仰卧哑铃肱三头肌伸展	2		
第四套	过顶绳索伸展	2		
	肱三头肌器械屈伸	2		
	仰卧拉力绳肱三头肌伸展	3		

双臂过顶哑铃伸展

双手握紧哑铃的握杆，手臂上举过顶，弯曲肘关节，尽可能舒适地让哑铃悬于头后方。然后慢慢地伸直手臂，保持肘窝向后，肘尖向上。收缩肱三头肌，慢慢反方向放下哑铃回到开始的姿势。

器械过顶伸展

坐在过顶肱三头肌锻炼器械上，屈曲肘关节，手掌向后，尽可能舒适地握牢身后的手柄。然后慢慢地伸直手臂，保持肘窝向后，肘尖向前。收缩肱三头肌，慢慢反方向回到开始的姿势。

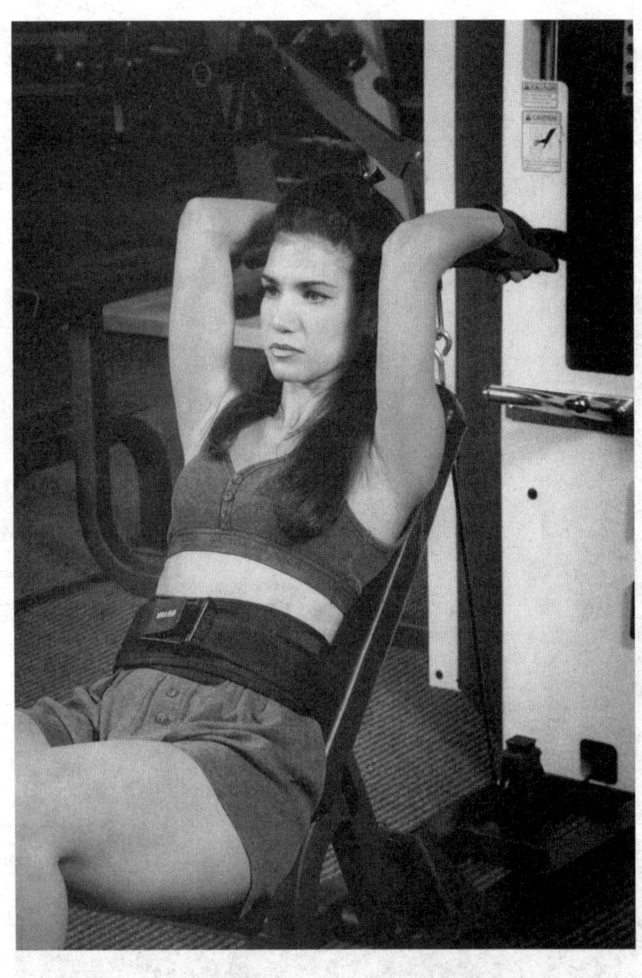

单臂过顶哑铃伸展

相对于双臂哑铃过顶伸展，肘关节要轻松一些。首先，双脚要牢牢贴地，用右手握住哑铃过顶，弯曲肘关节，尽可能舒适地让哑铃悬于头后方。然后慢慢地伸直手臂，保持肘窝向后，肘尖向上。收缩肱三头肌，慢慢反方向放下哑铃回到开始的姿势。右侧完成预期的锻炼组数以后，同法锻炼左侧。

双臂过顶拉力绳伸展

背对高位滑轮装置站立，身体前倾，双手握住直杆，掌心向前。肘部与耳平齐，弯曲肘关节，双手尽可能舒适地置于脑后。慢慢地伸直手臂，在动作中始终保持肘窝向后。收缩肱三头肌，慢慢降低直杆回到开始的姿势。

过顶绳索伸展

背对高位滑轮装置（大飞鸟架）站立，身体前倾，掌心相对，握住连于滑轮的绳索。肘部位于耳两侧，弯曲肘关节，双手尽可能舒适地置于脑后。慢慢地伸直手臂，在动作中始终保持肘窝向后。收缩肱三头肌，慢慢降低直杆回到开始的姿势。在家中，可以踩着拉力绳来进行上述锻炼。

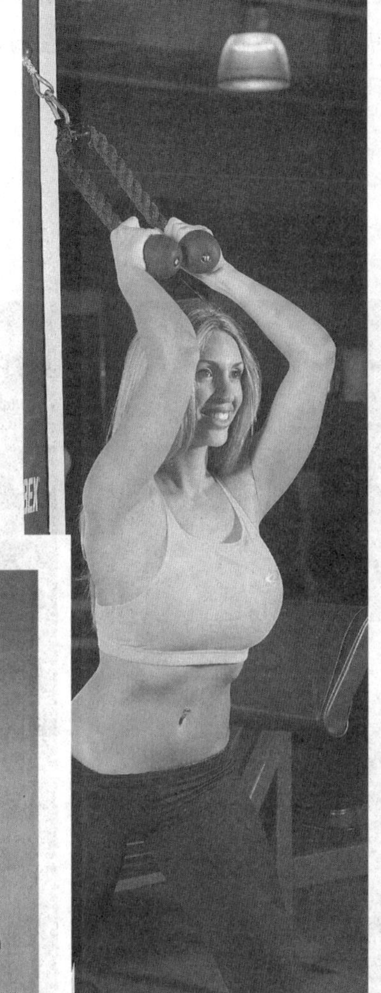

在家中

肱三头肌下压

这是一个很有效的锻炼肱三头肌的基本动作。首先，手掌朝下握住高位滑轮装置连着的直杆，站立时双腿与肩同宽，膝关节稍稍弯曲，身体微微前倾。肘关节在身体两侧屈曲 90° 。慢慢地向下伸直手臂，然后收缩肱三头肌，最后反方向回到开始的姿势。

单臂反向下压

右手掌心向上，握住连于高位滑轮装置的手柄。站立时双腿与肩同宽，膝关节稍稍弯曲，身体微微前倾。肘关节在身体两侧屈曲 90° 。慢慢地伸直手臂，收缩肱三头肌，然后反方向回到开始的姿势。右侧完成预期的锻炼组数以后，同法锻炼左侧。在家中，可以把拉力绳和固定的物体绑在一起，然后按上述描述进行锻炼。

在家中

窄握卧推

双脚紧贴地面，身体平卧于平椅上。两手分开约 17 厘米握住曲杠铃。将曲杠铃直接拉到胸肌前方，保持肘部贴近身体两侧，缓慢上举曲杠铃，收缩肱三头肌。然后回到开始的姿势。

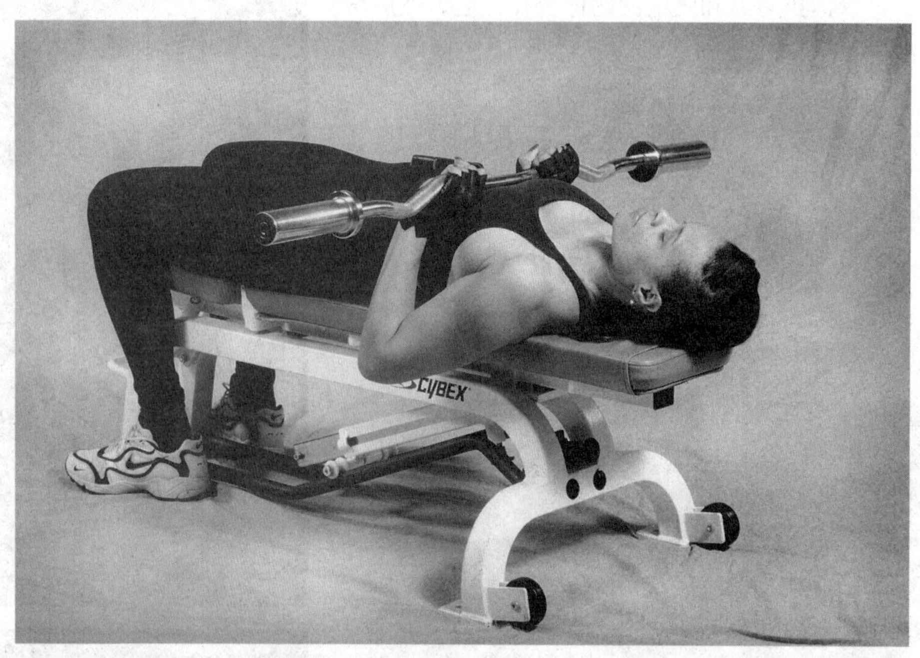

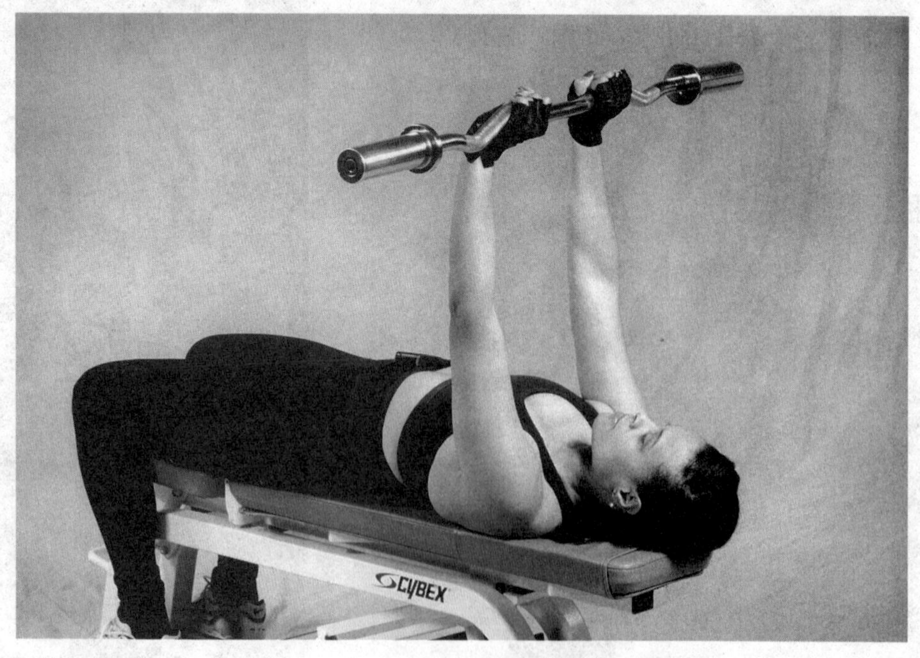

俯身哑铃臂屈伸

俯身哑铃臂屈伸是锻炼肱三头肌内侧头和外侧头最理想的动作之一。左臂伸直支撑于平椅，左腿跪于平椅，身体前倾到几乎与地面平行。右手握住哑铃，右上臂后举，肘关节屈曲 90° 。掌心朝向身体，伸直手臂举起哑铃直到手臂平行于地面。然后反方向下移哑铃回到开始的位置。右侧完成预期的锻炼组数以后，同法锻炼左侧。

拉力绳臂屈伸

拉力绳臂屈伸是笔者最喜欢的肱三头肌屈伸动作。站在低滑轮装置前方，身体前倾几乎与地面平行。用右手握住手环，右上臂后举，肘关节屈曲 90° 。向后伸直手臂直到手臂平行于地面。然后反向下移手臂回到开始的位置。右侧完成预期的锻炼组数以后，同法锻炼左侧。

肱三头肌撑体

因为这个动作需要双臂支撑自身的重量，所以在训练的开始阶段，很多女性很难完成这个动作。然而锻炼一段时间后，随着力量增长，就可以轻松完成这个动作了。首先，脚跟放在地板上，双手放在平椅的边缘，手臂伸直。尽可能舒适地慢慢弯曲肘关节，让臀部下降至平椅平面以下。请在运动过程中确保肘部始终贴近身体。然后反向伸直手臂回到开始的姿势。

凳上反屈伸

两个平椅相距约90厘米，脚跟放在一个平椅上，手放在另一个平椅的边缘，手臂伸直。尽可能舒适地慢慢弯曲肘关节，臀部下降至平椅平面以下。在运动中确保肘部始终贴近身体。然后反方向伸直手臂回到开始的姿势。

肱三头肌器械屈伸

坐在肱三头肌屈伸机器上，系紧座椅固定带。掌心相对，双手握紧手柄。保持肘关节贴近身体两侧，慢慢下压手柄直至手臂伸直。收缩肱三头肌。然后反方向回到开始的姿势。

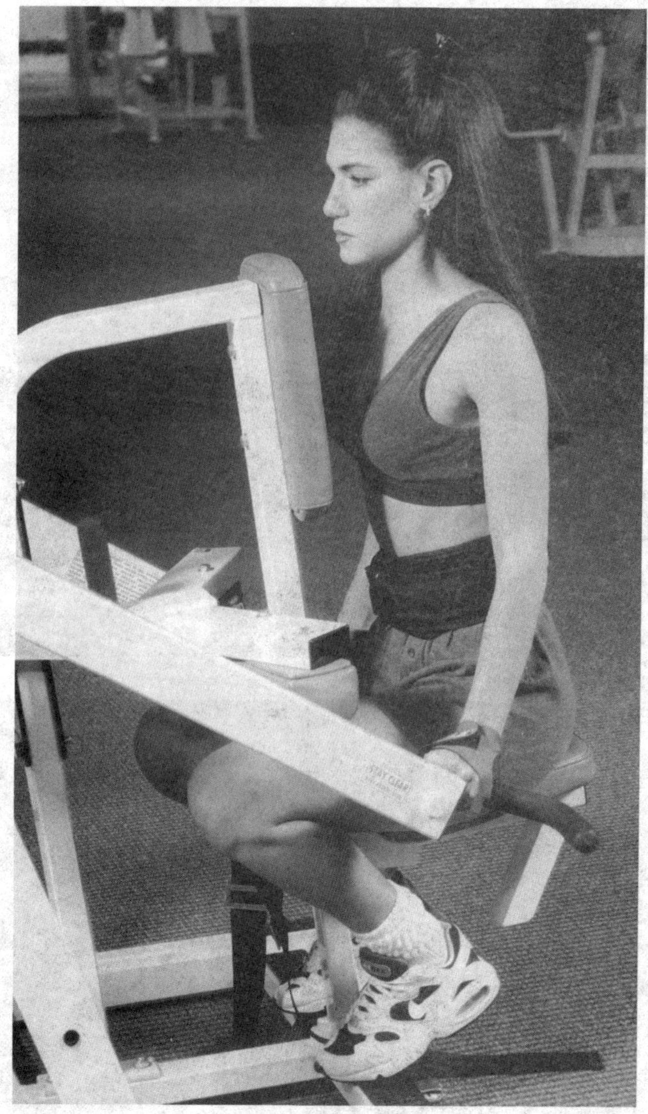

“碎鼻者”

不要被名字吓倒。这是在限制范围内完成锻炼，是非常安全的。躺在平椅上，双脚紧贴地面。双手握紧曲杆铃，掌心向上。手臂伸直，使曲杠铃位于胸部正上方（此时手臂应该垂直于身体）。保持肘窝向内，肘尖指向天花板。慢慢放低曲杠铃直到其恰好在前额之上。再重新举起曲杠铃回到开始的姿势。

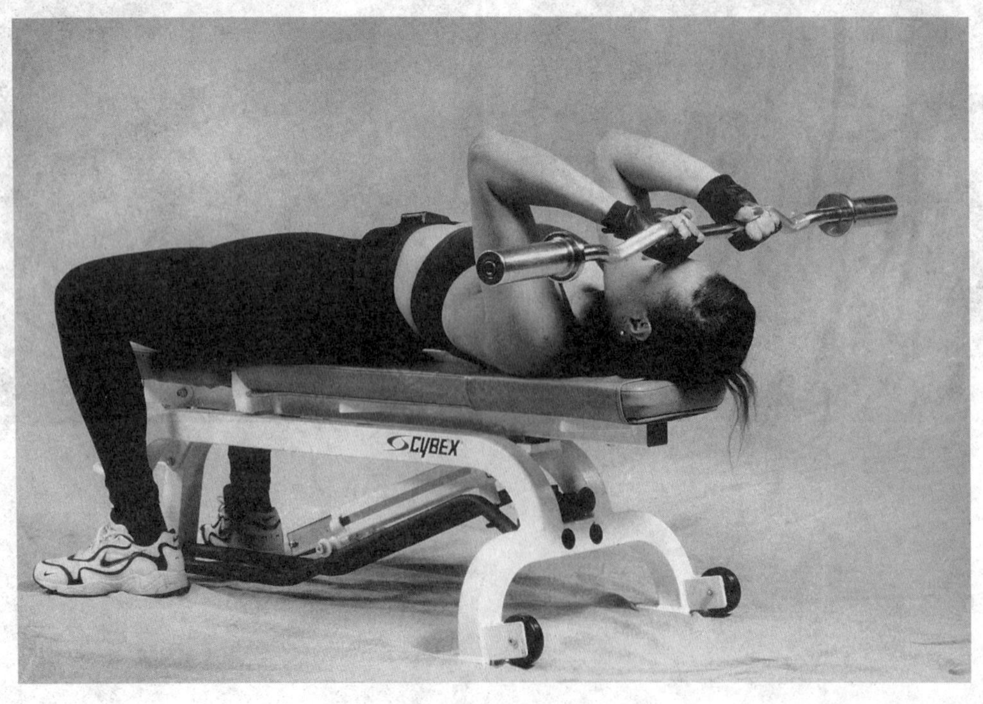

单臂仰卧哑铃肱三头肌伸展

躺在平椅上，双脚稳稳地放在地板或者平椅上。左手握住哑铃，左手臂伸直，哑铃位于胸部正上方（此时左臂应该垂直于身体）。保持左肘窝向内，肘尖指向天花板。慢慢放低哑铃直到其恰好在前额之上。再重新举起哑铃回到开始的姿势。左侧完成预期的锻炼组数以后，同法锻炼右侧。

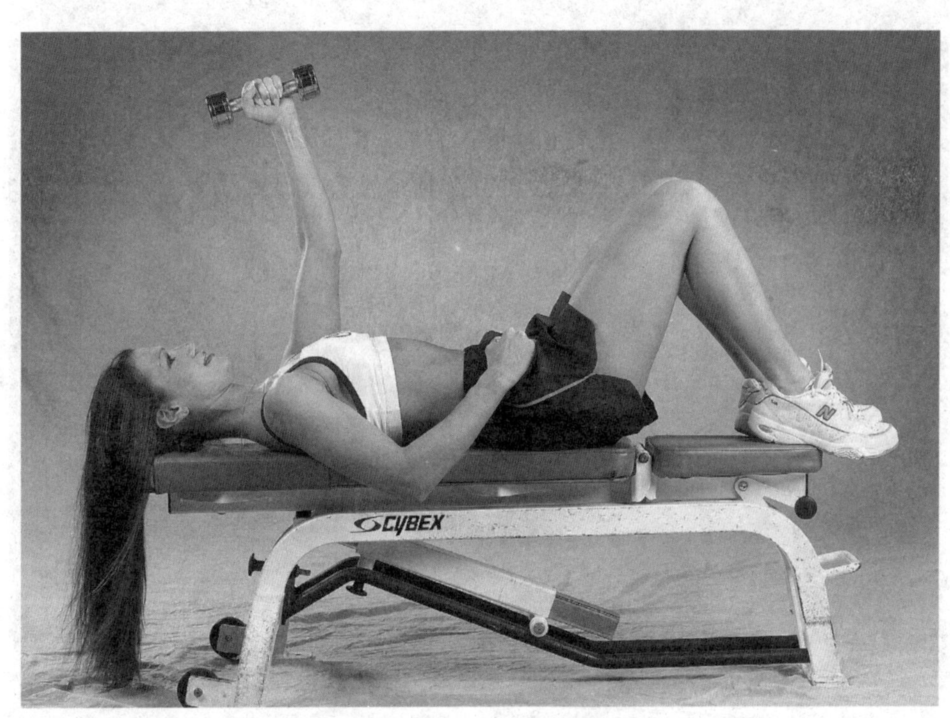

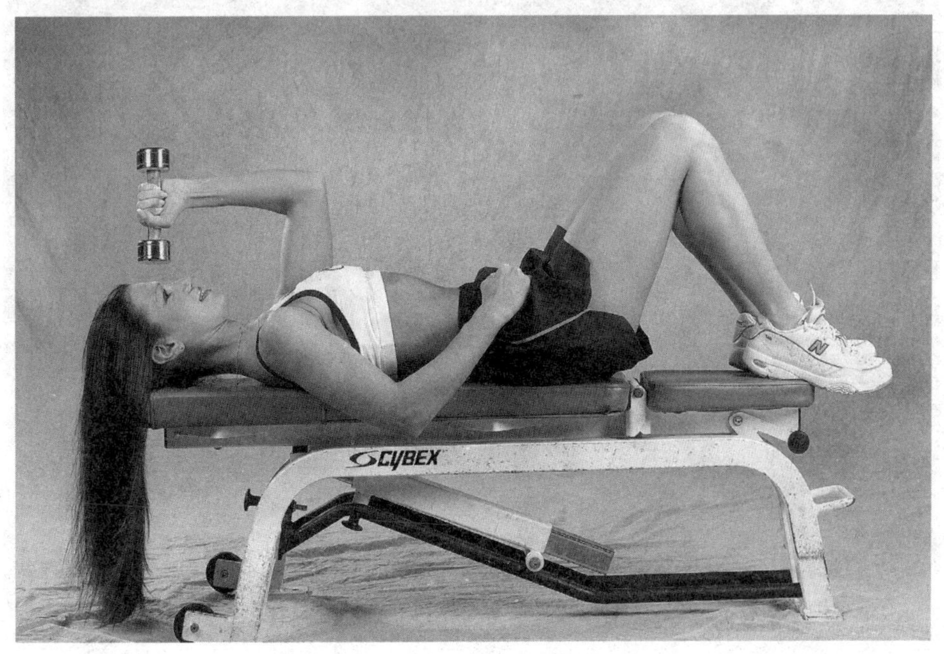

双臂仰卧哑铃肱三头肌伸展

躺在平椅上，双脚稳稳地放在地板或者平椅上。双手分别握住哑铃，手臂伸直，使哑铃位于胸部正上方（此时手臂应该垂直于身体）。保持肘窝向内。慢慢放低哑铃直到其恰好在前额之上。再重新举起哑铃回到开始的姿势。

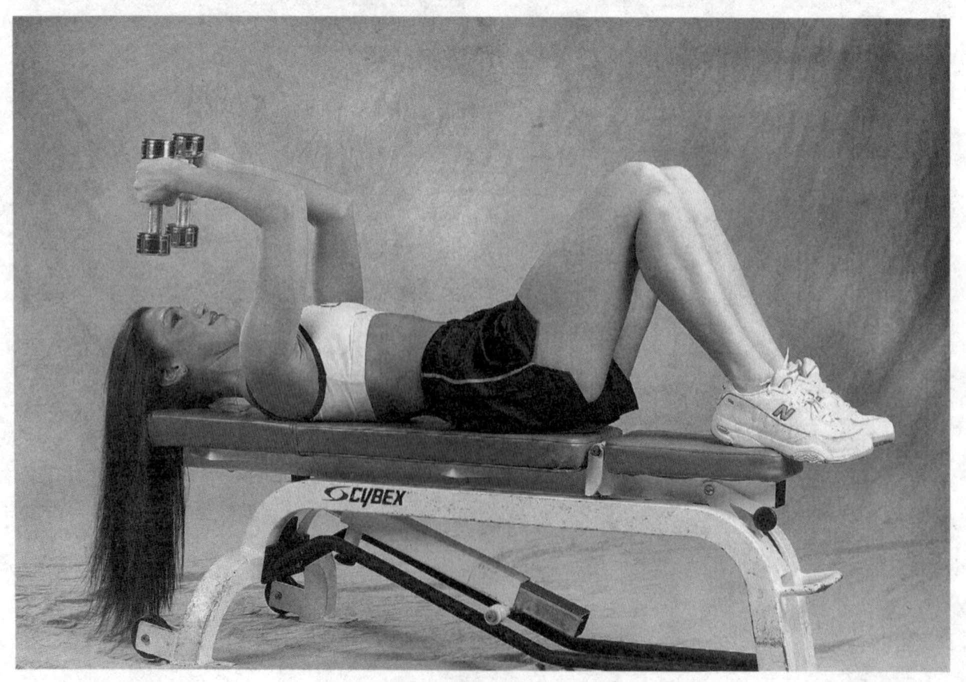

仰卧拉力绳肱三头肌伸展

躺在低位滑轮器械前的平椅上。双手握住连接于低位滑轮器械的拉力绳。手臂伸直，垂直于身体。保持肘窝向内。慢慢放低拉力绳直到其恰好在前额之上。再重新举起拉力绳回到开始的姿势。

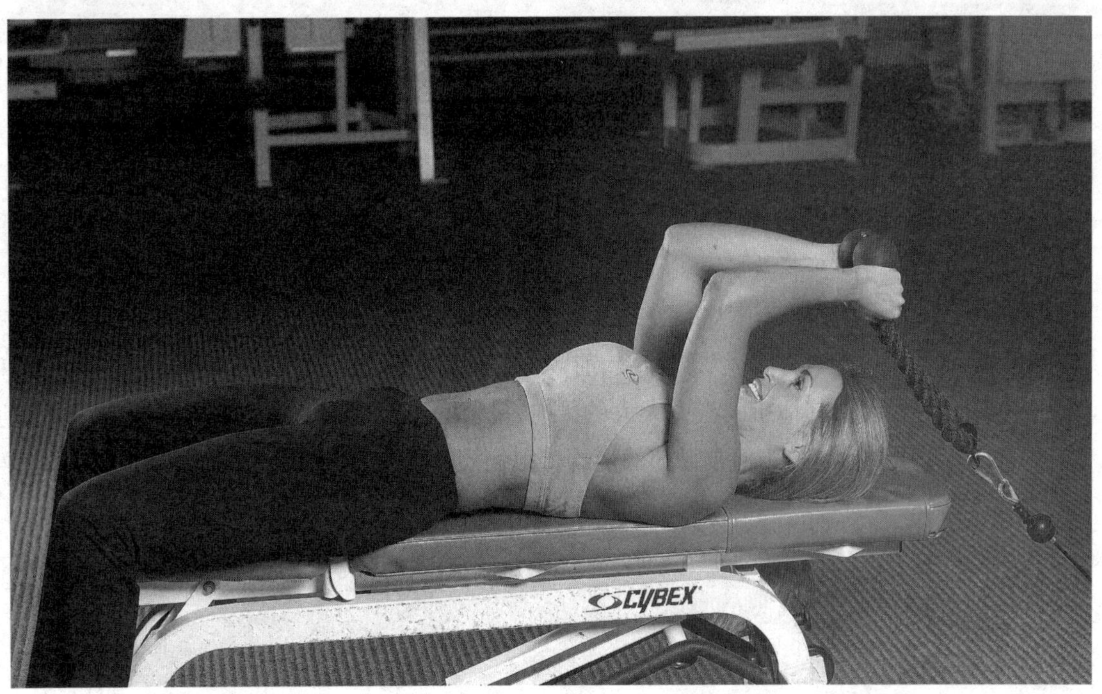

第十一章

优美的股四头肌

线条优美的大腿能凸显出女性体形。全身没有其他任何地方能像大腿这么吸引异性的注意。美丽的双腿不仅能体现出女人味，而且能让您信心满满地穿上超短裙。

令人遗憾的是，许多女性都犹豫要不要以足够的强度锻炼大腿。她们认为，足够强度的锻炼会使下肢粗重。然而按照以下方法锻炼，双腿不仅会有漂亮的形状还能看起来更瘦。这是因为，受新陈代谢的影响，力量锻炼会消耗掉身体多余的脂肪，进而塑造紧致优美的双腿。

塑形计划

大腿前部主要由股四头肌组成。股四头肌由四块不同的肌肉构成（股直肌、股外侧肌、股内侧肌和股中间肌）。股外侧肌、股内侧肌和股中间肌这三块肌肉常作为一个整体共同发挥作用，因此它们不能完全分开来进行锻炼。锻炼方法的多样性可以最大化刺激整个股四头肌。另外，让大腿在身体正中线交叉的动作（内收肌锻炼）能特别强化大腿内侧的内收肌群。股四头肌的锻炼可以分为三组——组合运动、孤立运动、大腿内侧运动。

- **第一类**　深蹲、腿部蹬举、弓步等。这些组合动作可直接作用于股四头肌，还可间接刺激腘绳肌和腿部稳定肌。这一组的每个动作都能广泛刺激肌纤维。此外，每个动作都有变式，变式又能增加锻炼的多样性。
- **第二类**　双腿伸展、前踢腿、挺髋蹲等。这些是独立运动，主要作用于股四头肌，对大腿其他肌肉没有太大的影响。因为是单关节运动，所以不会像组合运动那样需要体力消耗。但是局部的烧灼感很剧烈，所以锻炼前要做好忍耐短暂不适的准备哦。

注意使用正确方式锻炼

高能健身系统希望您务必严格以正确方法进行锻炼。这样才能确保直接使目标肌肉得到锻炼，将辅助肌肉的参与最小化。如果说你以错误的方式举重，其他可用的肌肉会替代目标肌肉接受刺激。再三用错误的方法锻炼会导致长出一些并不想要的肌肉。更糟糕的是，一些连带的组织（肌腱和韧带）会使用过度。这样不仅达不到预期目的，无法增强目标肌肉的肌张力，还会增加受伤的危险。

此外，笔者不建议进行“作弊式”重复动作。“作弊式”重复动作会用辅助肌肉来助力完成不太可能完成的动作。通过使用辅助肌肉，可以偷工减料地完成举重。虽然“作弊式”重复动作可以增添肌肉块，也可以增加力量，在健美和力量举重中有一些优势，但它们不利于塑造体形。

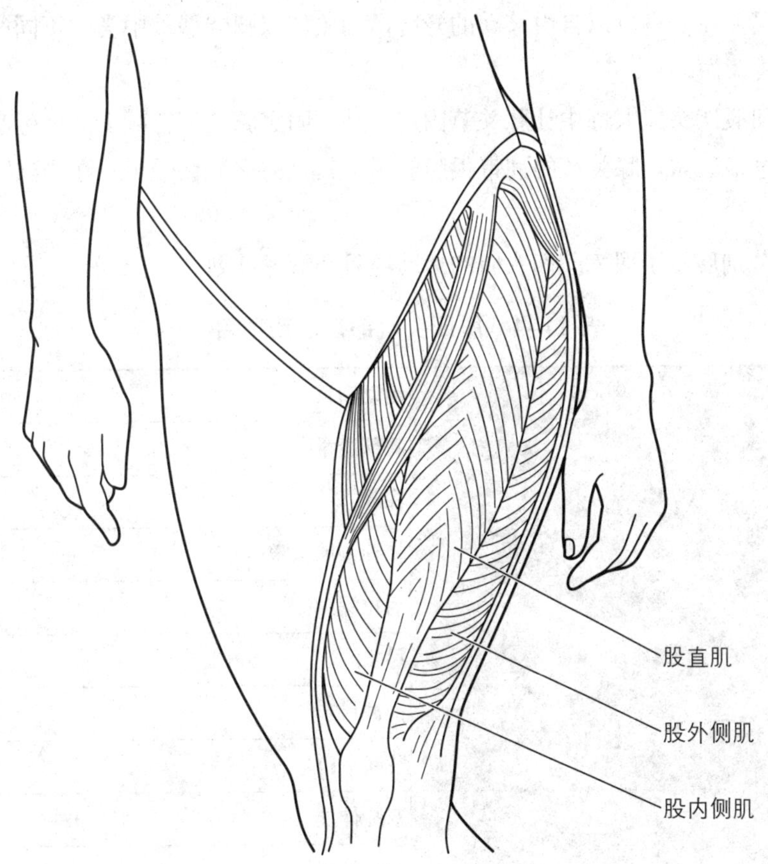

■ 股四头肌

● **第三类**　侧弓步、卧姿夹腿、滑轮牵拉夹腿等。这些动作主要锻炼大腿内侧——女性问题最大的部位之一。但是，这些锻炼只能帮助强健大腿内侧肌肉，并不能消除这个部位的松弛（记住，不能局部瘦身）。只有通过正确的饮食营养与投入的全身性锻炼结合才能减掉大腿的肥肉。拥有苗条的身材、结实的肌肉需要艰苦努力才能实现。

塑形建议

1. 膝关节弯曲的锻炼主要作用是刺激股四头肌。女性的膝关节周围常常囤积脂肪，使腿部形状难看且不结实。增加股内侧肌（形似“泪滴”的肌肉）的肌张力能勾画出这个部位的线条，从而使身材比例更加协调。像双腿伸展这样的锻炼对股外侧肌、股内侧肌和股中间肌是极好的，能对大腿下部曲线塑造起极大的作用。

2. 股直肌（勾勒大腿上部线条的肌肉）在髋关节弯曲、膝关节伸直的动作中发挥作用（反之亦然）。前踢腿是少数不含膝关节的动作之一，从而能分离其他股四头肌肉，独立锻炼股直肌。也可以通过保持髋关节伸直时的膝关节伸展动作来锻炼股直肌。挺髋蹲就是应用此方法的有效运动。

3. 在锻炼大腿前部的运动过程中，许多人将脚尖向内或者向外转。然而，这样做的好处微乎其微。当然，应该避免使脚部位置太过夸张，否则会对膝关节造成伤害，尤其是在那些脚不会移动的闭链运动（如深蹲和腿部蹬举）中。当进行闭链运动时，保持双脚略微外展。这样做能让髌骨（膝盖骨）在它的自然面上移动，保障膝关节的完整性。只能在双脚可以自由移动的开链运动（如双腿伸展）中尝试不同的脚部位置，并且要确保在舒适的范围内完成动作。

4. 请一定不要在任何股四头肌锻炼中让膝关节固定不动。固定膝关节会减少对目标肌肉的刺激，更重要的是，会给膝关节带来过多压力。膝关节的韧带很脆弱（尤其是前交叉韧带），在受到固定膝关节带来的应力作用时很容易撕裂。

表 11–1 和表 11–2 分别展示了锻炼股四头肌的运动项目和参考计划。

表 11–1　股四头肌锻炼运动项目

类	运动项目
第一类	腿部蹬举
	深蹲
	杠铃颈前深蹲
	后拉深蹲
	弓步
	前冲弓步
	跳跃下蹲
第二类	双腿伸展
	单腿伸展
	前踢腿
	挺髋蹲
第三类	侧弓步
	器械夹腿
	卧姿夹腿
	滑轮牵拉夹腿

表 11-2　股四头肌锻炼参考计划

套	在健身房中		在家中	
	运动项目	组数	运动项目	组数
第一套	深蹲和双腿伸展超级组	3	深蹲和挺髋蹲超级组	3
	卧姿夹腿	3	侧弓步	3
第二套	腿部蹬举和前冲弓步超级组	3	弓步	3
	单腿伸展	2	前踢腿	2
	器械夹腿	3	卧姿夹腿	3
第三套	后拉深蹲和跳跃下蹲超级组	3		
	前踢腿	2		
	侧弓步	3		
第四套	杠铃颈前深蹲	2		
	弓步	2		
	挺髋蹲	3		
	滑轮牵拉夹腿	3		

腿部蹬举

坐在蹬腿器械上，保持后背紧贴椅背。双脚分开与肩同宽，放在脚踏板上。伸直双腿，解锁位于器械一侧的释放杆。使踏板缓慢下降，膝关节向胸前移动。不要在底部弹回，控制力量推起踏板。只有在锁定释放杆、松开膝关节后才可以停止。收缩股四头肌，回到开始的姿势。

深蹲

这个动作是所有深蹲动作的鼻祖。双脚分开与肩同宽，在颈后高位放置一个直杆杠铃，双手握住直杆。慢慢下蹲直到大腿与地面平行。腰背部稍稍弓起，脚跟始终紧贴地板。当达到坐姿时，反向站起，回到开始的姿势。在家可以使用两个哑铃进行上述锻炼。

在家中

杠铃颈前深蹲

这是一个极好的针对大腿前部并且将臀部肌肉利用最小化的锻炼。双手交叉握持直杆杠铃并放于上胸部前方。双脚分开与肩同宽站立，慢慢下蹲直到大腿与地面平行。腰背部稍稍弓起，脚跟始终紧贴地板。当达到坐姿时，反向站起，回到开始的姿势。

后拉深蹲

站在后拉深蹲器械上，把上方垫子放于肩膀上。双脚分开与肩同宽，放在身体略前方。解锁释放杆，慢慢降低身体直到大腿与小腿约成 90° 角，整个动作中保持脚跟向后。当达到坐姿时，反向伸直双腿回到开始的姿势。注意：这个动作会让膝关节受力，因此膝关节存在问题的人禁止进行此锻炼。

弓步

如果想要足够的锻炼强度，可以进行这个又被称作劈腿下蹲（Split squat）的锻炼。双手分别握住一个哑铃，在身体两侧自然下垂。左腿向前跨一大步，抬起右脚跟以右脚趾着地。保持肩膀后沉，挺起胸膛，然后弯曲左膝和髋，慢慢降低身体至右膝关节几乎碰到地板。然后用力伸直右髋和膝回到开始的姿势。完成预期的锻炼组数以后，以右脚在前同法锻炼。

前冲弓步

这是除标准弓步外的另一个极好的备选动作，在剧烈的锻炼中能让您气喘吁吁。首先，站在一个开放的区域，双脚分开与肩同宽。右腿向前跨一大步，左膝下移至刚好到地板平面上的位置。在运动过程中保持肩膀后沉、昂首的身姿。紧接着左腿向前迈步，右膝下移。交换双腿运动到预期的锻炼量。

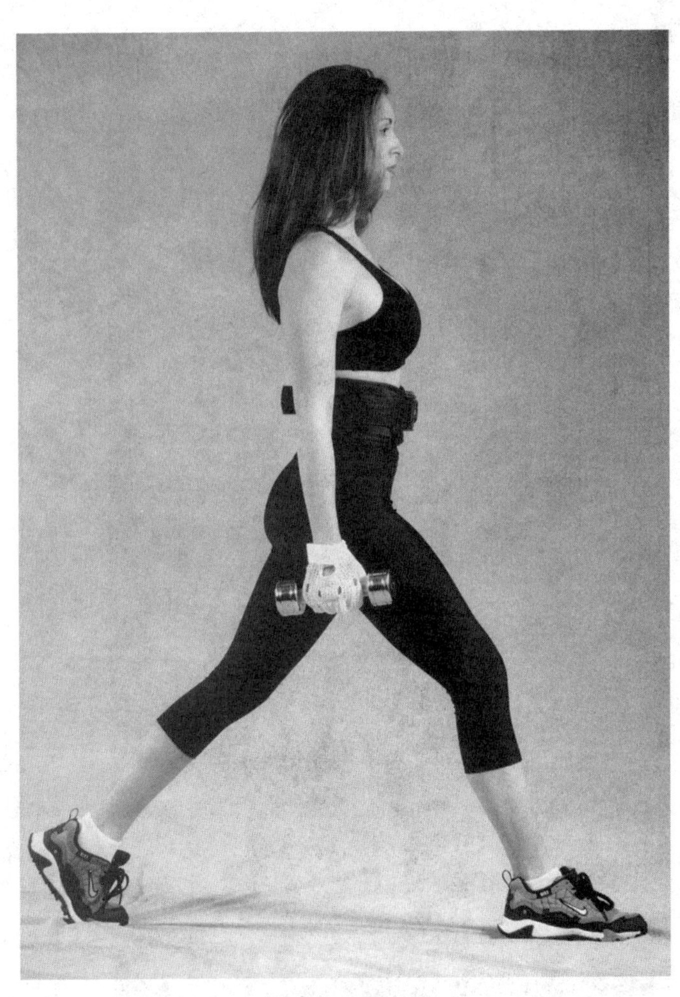

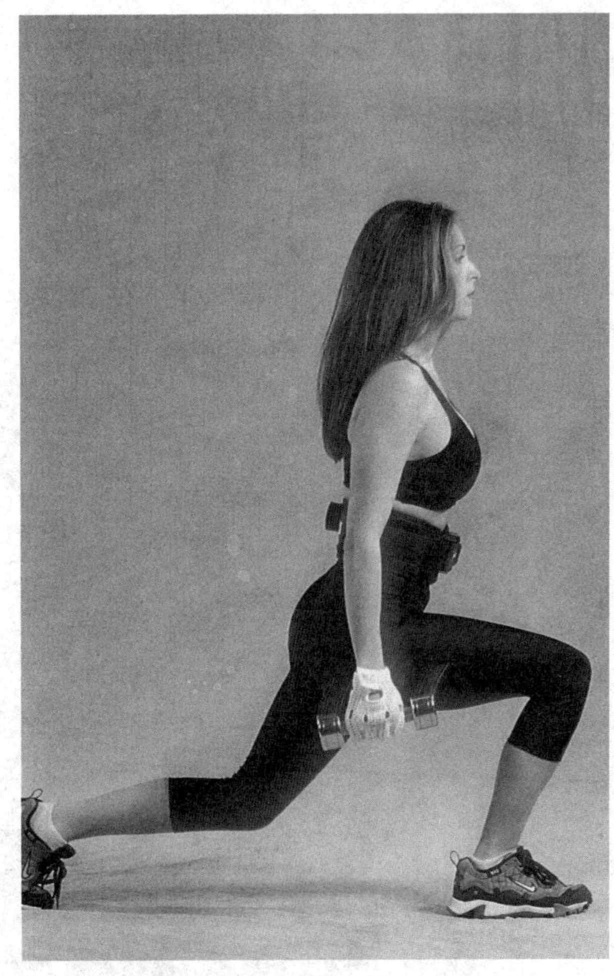

跳跃下蹲

跳跃下蹲能通过使大腿肌肉振动来达到更好的锻炼效果，是一个不错的锻炼方式。开始时双脚分开与肩同宽站立。保持身体躯干笔直，慢慢弯曲膝关节，身体下沉至坐姿。当大腿平行于地面时，尽可能高地向空中跳起，然后垂直着地，注意着地时稍稍弯曲膝关节缓冲减震。

双腿伸展

坐在腿伸展器械上，弯曲膝关节，脚背放在位于器械底部的滚板下面。握住手柄以支撑身体。向上慢慢抬起双脚直到双腿几乎与地面平行。收缩股四头肌，然后反方向回到开始的姿势。

单腿伸展

按照双腿伸展的方法锻炼即可，但是需要先用左腿完成动作。左腿完成预期的锻炼组数以后，同法锻炼右腿。

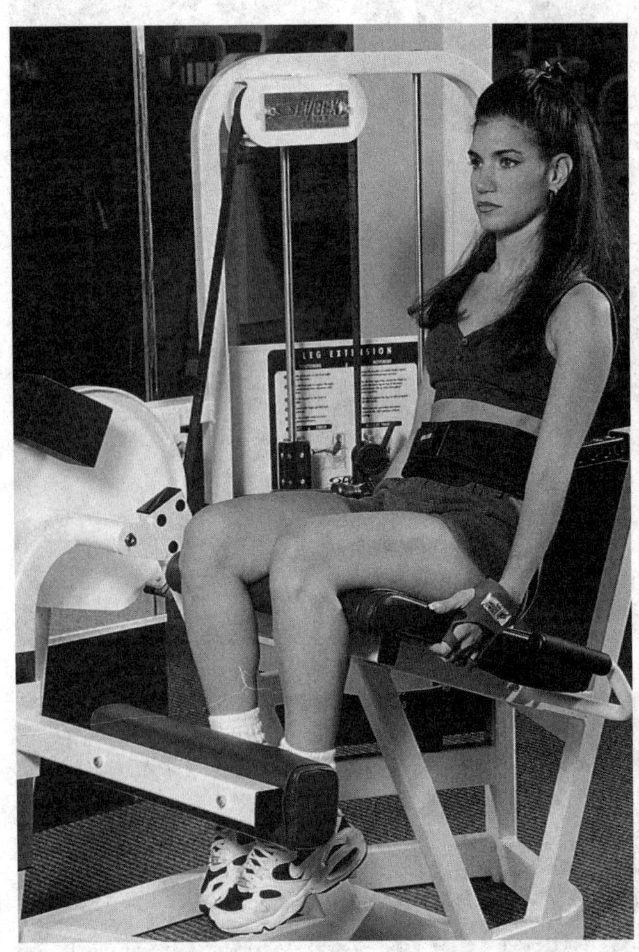

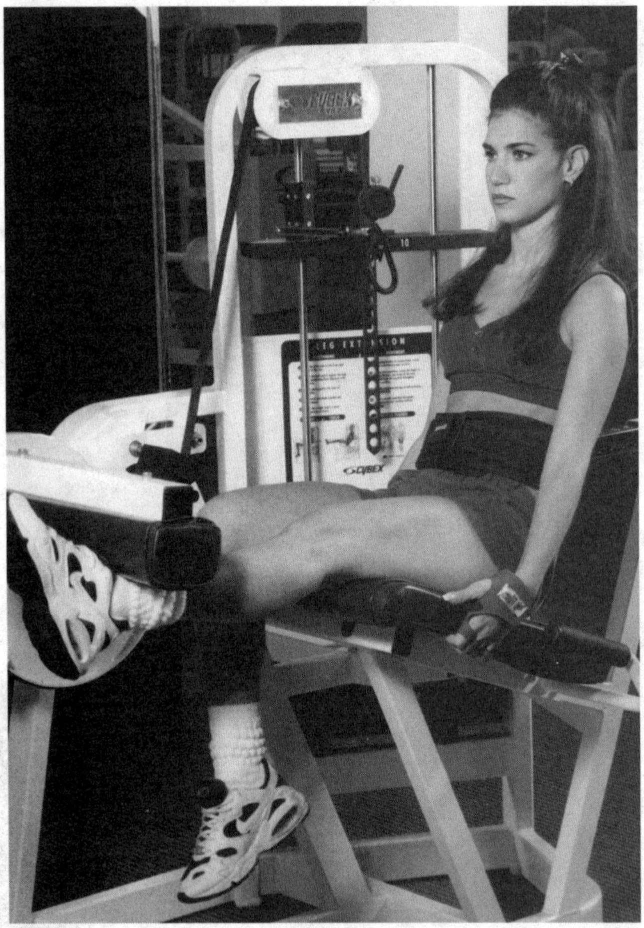

前踢腿

前踢腿对锻炼股直肌和塑造大腿上部曲线很有效。先将圆环与低位滑轮装置相连，然后将圆环套在右脚踝上。背对装置站立，如果需要，可以抓住器械上的坚固部位以支撑身体。慢慢且尽可能高地朝前抬起右脚，在动作最高点收缩右股四头肌。然后右腿反向回到开始的姿势。右腿完成预期的锻炼组数以后，同法锻炼左腿。在家中，可以在脚踝上加上绑腿沙包，按上述方法锻炼。

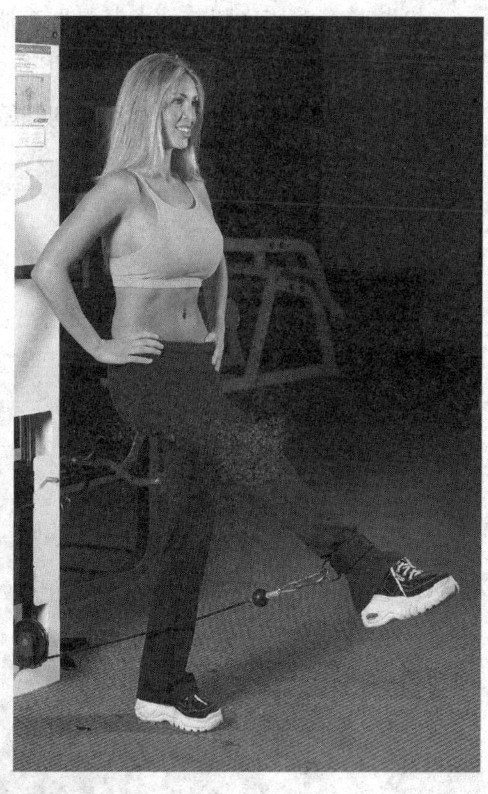

在家中

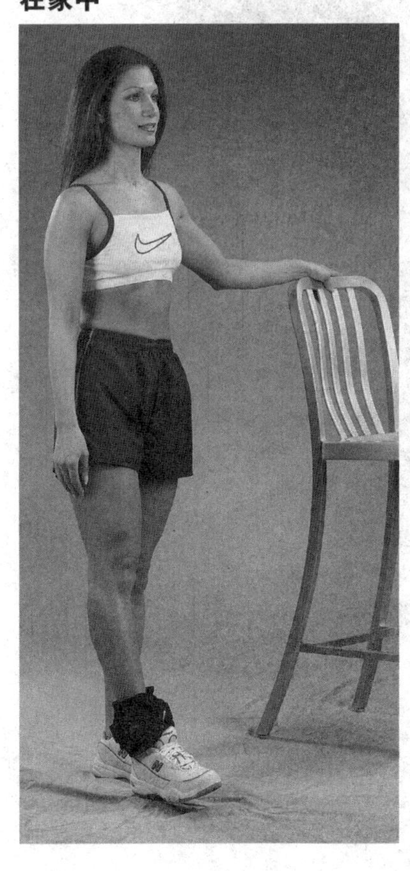

挺髋蹲

挺髋蹲是锻炼大腿前部尤其是股直肌最好的动作之一。双脚分开与肩同宽站立。一手抓住固定的物体，踮起脚尖。慢慢后倾身体躯干，弯曲膝关节，降低身体。在下降过程中前推膝关节，使上半身后倾至几乎与地板平行。然后反方向起身直到回到开始的姿势。

侧弓步

双腿前后分开比肩略宽站立。双手各握一个哑铃，一前一后放在身体的两侧。保持右腿伸直，慢慢朝前弯曲左膝直到左大腿与地板平行。然后慢慢起身，立即同法弯曲右膝重复动作。

器械夹腿

双腿分开坐在夹腿器上，大腿内侧紧贴限制板。慢慢用力合拢双腿，在两个限制板接触时收缩大腿内侧肌肉。然后反方向回到开始的姿势。

卧姿夹腿

尽管有人认为卧姿夹腿不庄重，但是只要锻炼强度足够且锻炼方法正确，其效果很好。朝向左侧躺下。右腿放在左腿前，右腿弯曲 90°，右脚掌贴地。左腿伸直，慢慢尽可能高地抬起左腿。收缩大腿内侧肌肉，然后回到开始的姿势。完成预期的锻炼组数以后，翻身至右侧同法进行锻炼。可以在脚踝上加上绑腿沙包以增大锻炼强度。

滑轮牵拉夹腿

将圆环与低滑轮装置相连后套在左脚踝上。左侧面对装置站立，左手抓住装置上的牢固部分以支撑身体。慢慢朝右侧拉左腿，越过身体正中线后仍尽量向右侧拉左腿。收缩大腿内侧肌肉，然后反方向回到开始的姿势。左腿完成预期的锻炼组数以后，同法锻炼右腿。在家中，可将拉力绳绑在固定物体上，按上述方法锻炼。

在家中

第十二章

完美的腘绳肌和臀肌

毫无疑问，女性锻炼臀部比其他部位困难。这是女性脂肪蓄积的第一个部位，因而这个部位尤其难以变结实。更糟的是，因为这里容易囤积脂肪，所以容易有让人害怕的“白干酪”一样的外观。

锻炼本身并不会减掉腘绳肌和臀肌多余的脂肪。就像笔者之前说的，不能局部减脂。但正确的营养饮食与锻炼结合，可以塑形这些肌肉，拥有令人羡慕的翘臀。如果臀部很平，则可以通过塑形使其看起来丰满。如果腘绳肌周围很松弛，可以通过锻炼使它们结实。不论现在的情况如何，经过努力锻炼，臀部会结实而匀称。

塑形计划

可以在臀部和膝关节动作中刺激腘绳肌，但只能在臀部动作中刺激臀肌。因此，腘绳肌和臀肌将以不同的动作进行锻炼，这些动作有的是复合锻炼腘绳肌和臀肌，有的是孤立锻炼它们。

- **第一类**　直腿硬拉、滑轮后踢腿、早安式体前屈、俯身挺背等。尽管这些动作在过程中只用了一种关节（髋关节），但这些动作其实都是复合锻炼（使用不同的肌肉）。腰背肌（竖脊肌）、臀肌和腘绳肌都会锻炼到。每一种动作，腰肌都是稳定肌，因此要想对腘绳肌和臀肌的刺激最大化，必须在每一次动作中都收缩它们。
- **第二类**　腿弯举等。这些动作主要作用于腘绳肌，极少作用于臀肌肉和腰背肌（在这些动作中，小腿肌会作为一个小小的次要角色参与其中）。腿弯举有几种不同（站式、坐姿、跪式、仰卧式）的选择，还可以选择是用双腿还是单腿完成动作。

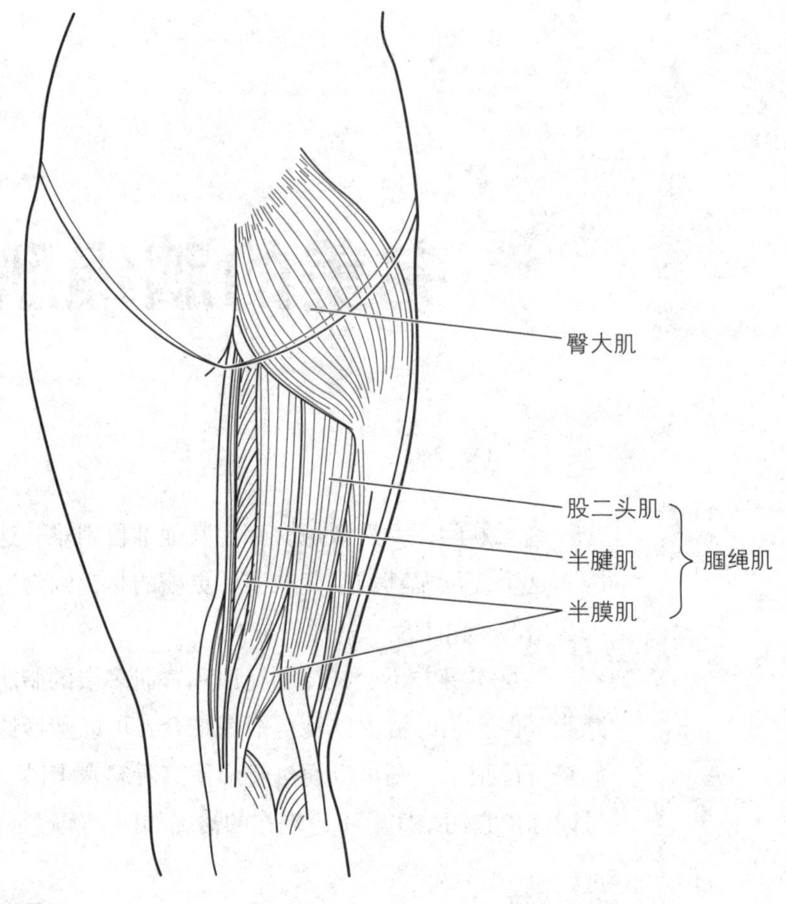

■ 腘绳肌和臀肌

● **第三类** 分腿锻炼等。这些锻炼主要刺激臀肌，对腘绳肌只有很小的刺激。分腿动作（大腿外展，离开身体正中线）可锻炼臀中肌和臀小肌，这两块肌肉常常被较大的臀大肌压制而不能得以锻炼。这些锻炼能塑造出较好的臀部形态，让臀部看起来紧致而健美。

塑形建议

1. 如果腰背部受过伤，在进行第一组的任何锻炼时都应该小心。在这些锻炼过程中，腰背肌（竖脊肌）会高度紧张，尤其是负重时。如果有这方面的担心，应该进行无负重的锻炼（如俯卧挺背），这样可以安全地刺激腘绳肌和臀肌，同时强健腰背肌。

2. 每一次动作都应收缩臀肌，这样才能正确给其刺激。女性通常难以理解如何在锻炼过程中正确收缩臀肌。如果有这方面的担心，可先进行无负重锻炼，直至正确收缩臀肌成为习惯再进行进一步的锻炼。

3. 缩臀（静力紧张腘绳肌方法）作为腘绳肌锻炼的补充，是一种让臀肌更结实的非常好的方法。此方法不仅有效还非常方便，几乎可以在所有场合和时刻进行锻炼，包括坐在沙发上看电视的时候、在超市排队的时候或者睡前躺在床上的时候。简单地收缩臀部，尽可能长时间保持收缩状态（目标 30 秒或者更长），然后放松。掌握这种方法之后，可以试着成套地锻炼：收缩 15 次为一组，一次完成三组。每周做几次，会很快拥有“坚如钢铁”的臀部。

4. 在锻炼腘绳肌的开链运动（腿弯举及其变式）中可以通过改变腿部位置来调整对腘绳肌不同肌肉的作用。使腿部稍向外（髋外旋）时，会主要刺激股直肌，而使腿部稍向内（髋内旋）时，会主要刺激半腱肌和半膜肌。不过要小心，一定要在舒适范围内运动，髋部过度旋转结合剧烈膝关节弯曲时会造成关节损伤。

表 12–1 和表 12–2 分别展示了锻炼腘绳肌和臀肌的运动项目和参考计划。

表 12–1　腘绳肌和臀肌锻炼运动项目

类	运动项目
第一类	臀部冲击
	俯身挺背
	反向腹背训练
	滑轮后踢腿
	早安式体前屈
	直腿硬拉
第二类	俯卧腿弯举
	坐姿腿弯举
	跪式腿弯举
	站式腿弯举
第三类	器械分腿
	腿外展
	站式分腿
	侧卧分腿

表 12-2　腘绳肌和臀肌锻炼参考计划

套	在健身房中		在家中	
	运动项目	组数	运动项目	组数
第一套	俯身挺背和俯卧腿弯举超级组	3	直腿硬拉	3
	侧卧分腿	3	站式腿弯举	2
			侧卧分腿	3
第二套	直腿硬拉	2	反向腹背训练和踝关节负重的俯卧腿弯举超级组	3
	站式腿弯举	2	滑轮牵拉分腿	2
	器械分腿	3		
第三套	早安式体前屈	3		
	坐姿腿弯举和站式分腿超级组	2		
第四套	反向腹背训练	3		
	跪式腿弯举	3		
	腿外展	2		

臀部冲击

跪在臀部冲击器械上，前臂置于臂板，左脚置于脚踏板。左腿慢慢向后推，在膝关节完全伸直前可稍作停止。收缩臀肌，然后反方向慢慢回到开始的姿势。左腿完成预期的锻炼组数以后，同法锻炼右腿。

俯身挺背

俯卧在罗马椅上，将大腿放在约束板上，脚跟钩住滚轮。双手在胸前交叉，然后弯腰。慢慢上抬身体躯干直至接近垂直于地板时停止。收缩臀肌，然后反方向回到开始的姿势。

反向腹背训练

俯卧在平椅上，下肢在平椅后悬空，脚尖轻触地板。双手握住平椅的一侧以支撑身体。慢慢向上抬高双脚直到平行于地面，在动作最高点收缩臀肌。然后反方向让双腿回到开始的姿势。

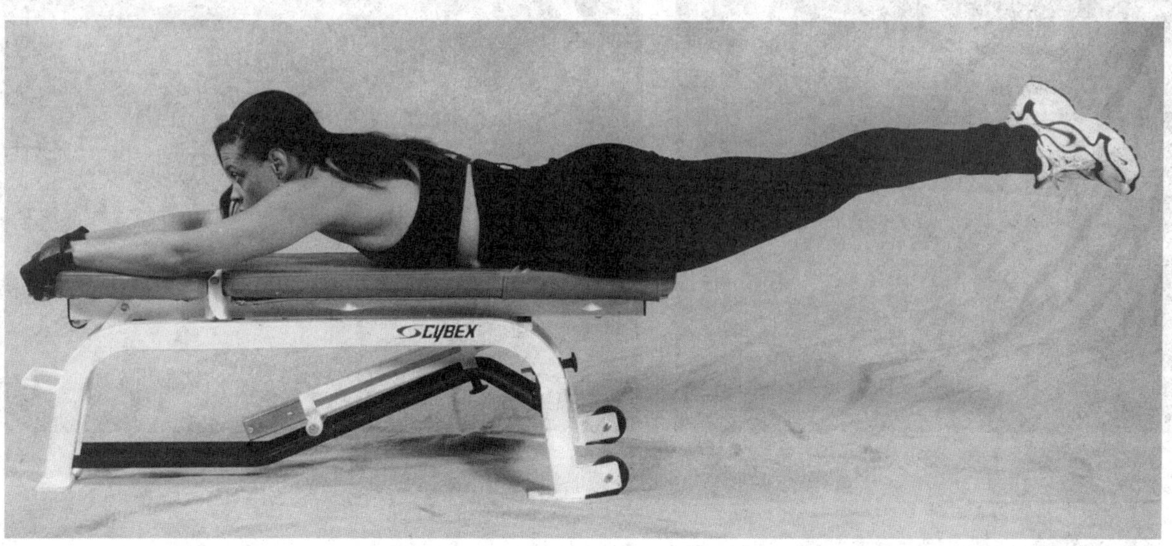

滑轮后踢腿

连接圆环于低位滑轮装置，再把圆环套于右脚踝。面对滑轮装置站立，双手握住器械牢固部分以支撑身体。上身保持不动，慢慢向后抬起右腿，在舒适范围内抬得越高越好。收缩臀肌。慢慢回到开始的姿势。右腿完成预期的锻炼组数以后，同法锻炼左腿。

早安式体前屈

将杠铃放在肩膀上，双手握住杠铃握杆保持平衡。双脚分开与肩同宽或者略比肩宽，在锻炼中保持腰背部紧绷。慢慢向前弯腰直到上身接近与地面平行。控制好速度和力量，慢慢反向移动，在抬高背部回到原位的过程中收缩臀肌。

直腿硬拉

双脚分开与肩同宽站立。双手在身体前方各握住一个哑铃。保持膝关节伸直，弯曲髋关节，上身慢慢前倾，哑铃下降至胭绳肌有强烈拉伸感，然后反方向收缩臀肌回到开始的姿势。

俯卧腿弯举

俯卧在腿弯举器械上，脚后跟在滚板下方钩住。保持大腿压在器械表面，慢慢向上抬起双脚，在快要碰到臀部时停止或者在腿部感到不适时停止。收缩腘绳肌，然后反方向回到开始的姿势。如果想加强腘绳肌的锻炼，可以选择髋关节处可以弯曲的器械。在家时，可以在两个脚踝上加上绑腿沙包，俯卧在平椅上按上述描述进行锻炼。

在家中

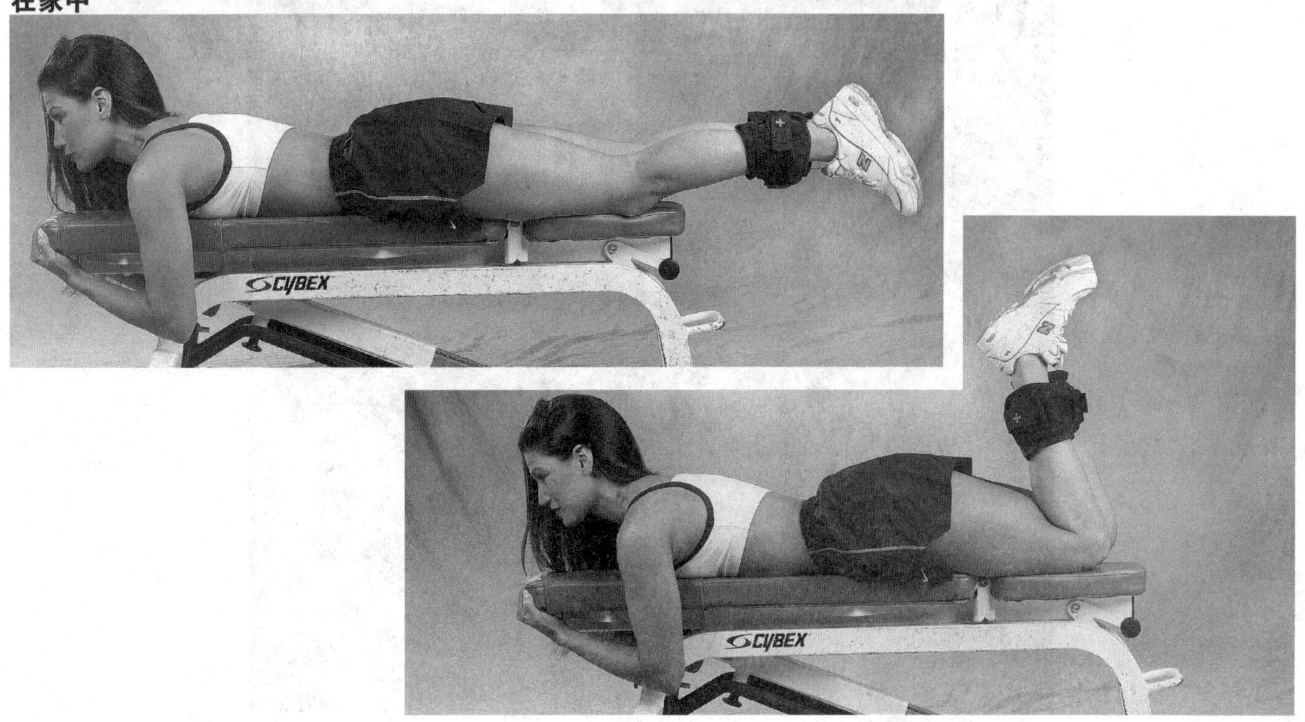

坐姿腿弯举

坐在坐姿腿弯举器械上，脚后跟放在滚板上面。下降腿部约束板到大腿上以保证大腿的安全。在舒适范围内慢慢下压双脚，当膝关节完全弯曲时收缩腘绳肌。然后反方向回到开始的姿势。

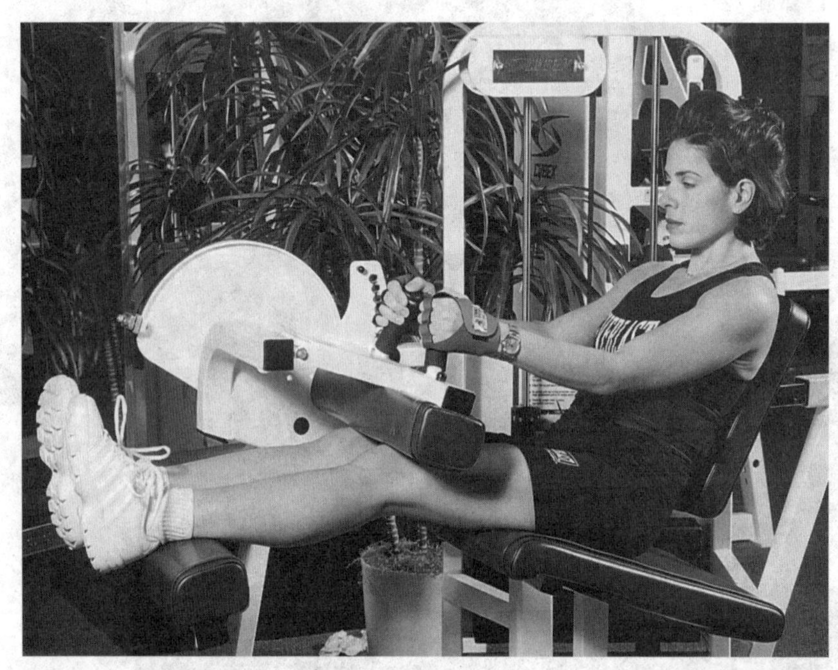

跪式腿弯举

跪在跪式腿弯举器械上，将左脚后跟放在滚板下面，将前臂放在约束板上用于支撑。慢慢向上抬起左脚，在它快要碰到臀部时停止或者在腿部感到不适时停止。收缩腘绳肌，然后反方向回到开始的姿势。左腿完成预期的锻炼组数以后，同法锻炼右腿。

站式腿弯举

把圆环连接于低位滑轮装置，然后把圆环套于右脚踝。面对低位滑轮装置站立，双手握住装置上的牢固部位以支撑身体。慢慢弯曲右膝关节，在右脚踝快要碰到臀部的时候停止或者在腿部感到不适时停止。收缩腘绳肌，然后反方向回到开始的姿势。右腿完成预期的锻炼组数以后，同法锻炼左腿。在家时，可以将拉力绳接于固定物体后系于脚踝，抓住稳固的物体来支撑身体，然后按照上述描述进行锻炼。

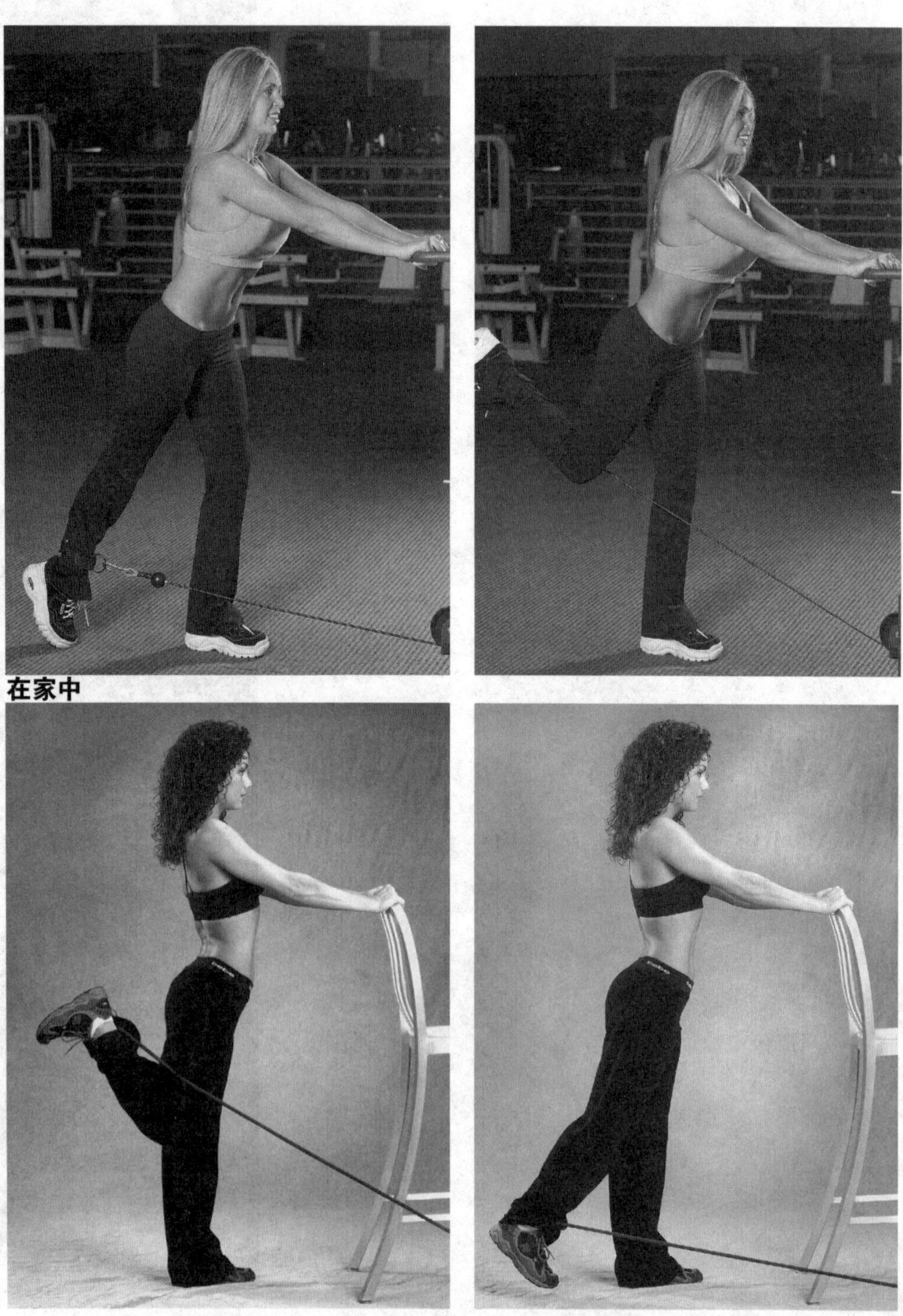

器械分腿

坐在分腿器械上，两腿并拢，大腿外侧贴在约束板上。腿部慢慢用力分开到极限。收缩臀肌，然后反方向回到开始的姿势。

腿外展

将圆环连接于低位滑轮装置，然后把圆环套于右脚踝。身体的左侧面对低位滑轮装置站立，左手握住装置上牢固的部分以支撑身体。将右腿拉过左腿并继续向外拉伸。收缩臀肌，然后慢慢反方向回原到开始的姿势。右腿完成预期的锻炼组数以后，同法锻炼左腿。在家时，可以将拉力绳接于固定物体后系于脚踝，抓住稳固的物体来支撑，然后按照上述描述进行锻炼。

在家中

站式分腿

双脚并拢站立，抓住一个牢固不动的物体来支撑身体。右腿尽量向外抬起到极限。收缩臀肌，然后慢慢反方向回到开始的位置。右腿完成预期的锻炼组数以后，同法锻炼左腿。如果想增加锻炼强度，可以在脚踝上加上绑腿沙包。

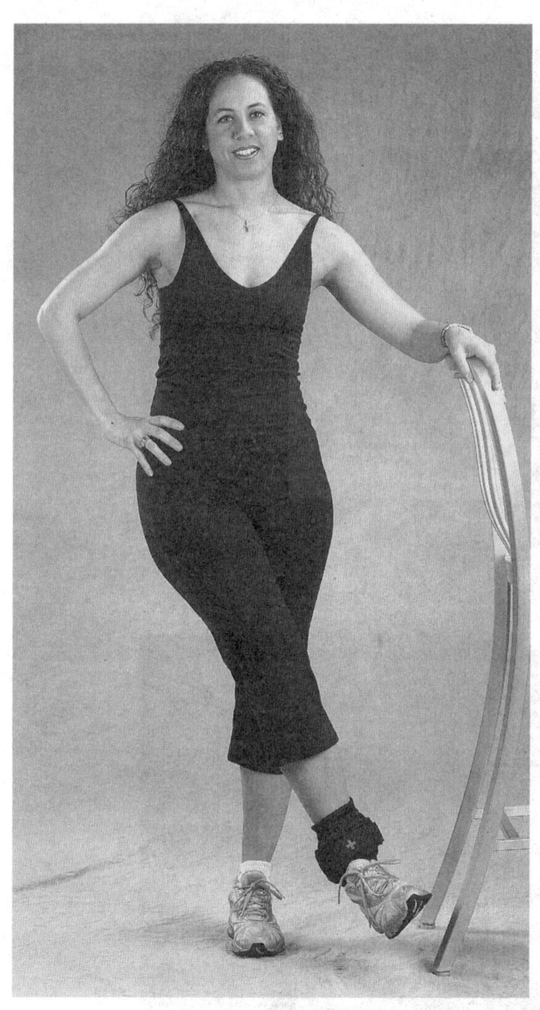

侧卧分腿

身体朝向左侧躺下。弯曲左腿成 90° 角，将左脚放在右膝关节的后方。保持右腿伸直，慢慢尽可能高地抬起右腿。收缩臀肌，然后回到开始的姿势。完成预期的锻炼组数以后，翻身至右侧同法进行锻炼。可以在脚踝上加上绑腿沙包以增大锻炼强度。

第十三章

钻石小腿肌

小腿肌在日常生活中是使用最多的肌肉。走路、跑步、爬楼梯或者做其他移动动作时都在使用它们。任何时候只要脚着地，小腿肌肉就会受到刺激。但是小腿经常在锻炼中被忽视。

拥有钻石样的小腿会改善身体的线条，小腿肌勾画出腿下部的轮廓，并完善了整体体形。另外，钻石样的小腿能让大腿显得细一些——这一点很受女性欢迎。当小腿肌肌肉发达了，你会明白为什么钻石是女性最好的朋友！

塑形计划

虽然整个小腿是由十块小肌肉组成的，但是只有比目鱼肌和腓肠肌是最明显地能使小腿线条显得好看的肌肉。两种基本站姿能达到小腿塑形的目的：屈膝式和伸膝式。锻炼的动作是按照对每个肌肉的刺激程度分类的。

- **第一类** 站式提踵、驴式提踵、负重提踵等。这些动作用的是直立站姿，对腓肠肌的作用更大。腓肠肌是小腿最大的，也是健美最重要的肌肉。
- **第二类** 坐式提踵等。这些动作需要弯曲膝关节，重点锻炼比目鱼肌。比目鱼肌大部分都藏在腓肠肌后面。但是当得到良好的锻炼后，比目鱼肌会使小腿的形状更加丰满。比目鱼肌里大部分的肌肉纤维（80%~90%）是持久类型的，所以比目鱼肌比较难通过练习来增强。

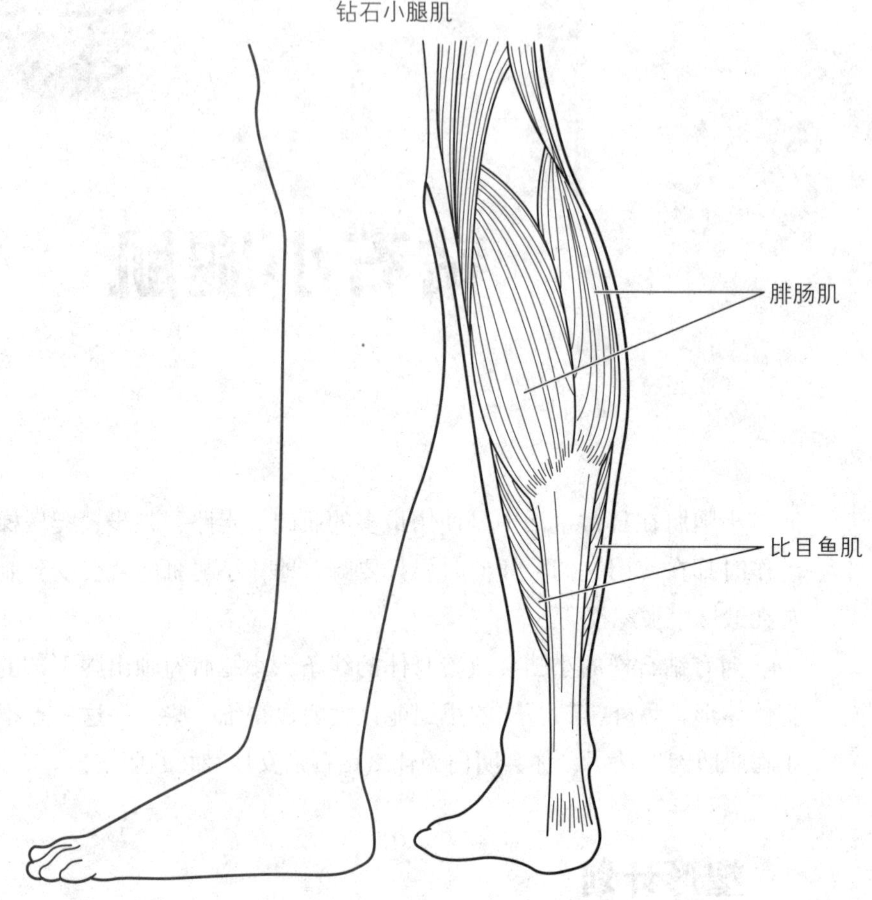

■ 小腿肌

塑形建议

1. 与通常的看法相反，锻炼过程中小腿内翻外翻几乎没有什么好处。但是只要脚尖往两侧翻转便可改变压力对小腿各部的刺激强度。脚往大脚趾侧翻时，小腿内侧受到的压力刺激比较大（腓肠肌内侧头）。反之，脚往小脚趾侧翻时，小腿外侧受到的压力刺激比较大（腓肠肌外侧头）。评测一下自己的小腿情况，然后正确地使用这个方法。

2. 一定要注意在小腿肌锻炼过程中保护非目的锻炼部位。脚跟着地的过程中，跟腱会被拉伸并承受很强的刺激。如果不注意的话，跟腱可能受到极大的伤害，后果不堪设想。在下降的过程中动作要缓慢，不要颠簸，在肌肉允许的最大范围内对肌肉进行拉伸。

3. 由于小腿肌在每天的活动中都会被用到，故小腿肌属于耐力肌肉，对锻炼的反应比较迟钝。虽然根据基因因人而异，但是小腿肌通常都是最难塑形的肌肉。所以有些时候需要更多的重复锻炼才能使它们的形态有所改善（多到每组 30 次）。由于比目鱼肌里大部分都是耐力肌肉纤维，所以和其他肌肉比起来，大量的重复锻炼能更有效地刺激到比目鱼肌。

4. 一定要在每组锻炼之间拉伸小腿肌。每块小腿肌只有一个主要动脉供养（腓肠肌由腓肠动脉供养，比目鱼肌由胫后动脉供养）。因此，在锻炼的时候，供给这些肌肉的血液流量会降低。乳酸等代谢副产物快速积累，有增加肌肉抽筋的可能。拉伸有助于降低肌肉抽筋的可能，为下一组的锻炼做好准备。

5. 与其他肌肉一样，不能通过锻炼改变小腿肌的长度。如果小腿肌比较短并且所处的位置比较高，并不能通过锻炼来改变它的长度。但是锻炼比目鱼肌，能增加这个部位的深度，给人肌肉比较长的感觉。

表 13–1 和表 13–2 分别展示了锻炼小腿肌的运动项目和参考计划。

表 13–1　小腿肌锻炼运动项目

类	运动项目
第一类	器械负重提踵
	驴式提踵
	负重提踵
	站式提踵
	单腿站式提踵
第二类	坐式提踵
	单腿坐式提踵
	屈腿负重提踵

表 13–2　小腿肌锻炼参考计划

套	在健身房中		在家中	
	运动项目	组数	运动项目	组数
第一套	驴式提踵	3	单腿站式提踵	3
	单腿坐式提踵	3	坐式提踵	3
第二套	器械负重提踵	3	站式提踵	3
	屈腿负重提踵	3	单腿坐式提踵	3
第三套	站式提踵	3		
	坐式提踵	3		
第四套	驴式提踵和负重提踵超级组	3		
	单腿坐式提踵	2		

器械负重提踵

坐在提踵器械上，背部靠紧靠垫。腿伸直，双脚放在踏板上，距离适中。膝关节保持固定，慢慢地尽量高地抬起脚跟。收缩小腿肌后，慢慢地反方向回到开始的姿势。

驴式提踵

背部靠紧驴式提踵器械的阻力垫板，腰背部全程保持微微的拱起。将脚掌放在踏板上，脚跟在脚趾下方。慢慢地尽量高地抬起脚跟，直到小腿肌完全收紧。收缩小腿肌，然后慢慢地反方向回到开始的姿势。

负重提踵

坐在提踵器械上，背部紧靠靠垫，两脚距离适中，脚趾放在踏板底部。腿伸直，解锁控制杆，脚跟降到脚趾下方。膝关节保持固定，慢慢地尽量高地抬起脚跟。收缩小腿肌，然后慢慢地反方向回到开始的姿势。

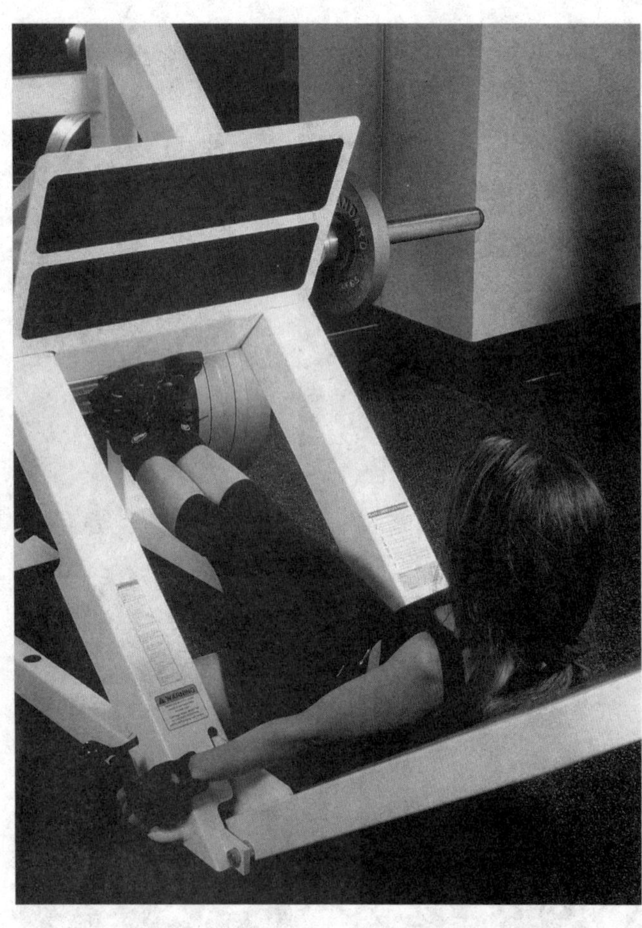

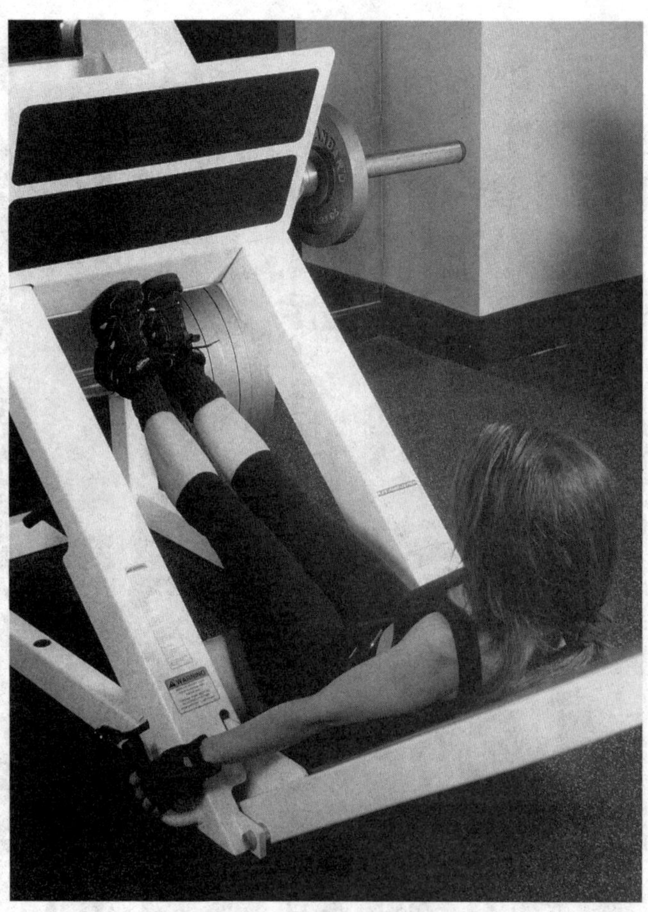

站式提踵

这是锻炼腓肠肌的标准动作。首先，肩膀顶住站式提踵器械的阻力板。脚掌放在踏板上，脚跟降到脚趾下方。慢慢地尽量高地抬起脚跟，直到小腿肌完全收紧。收缩小腿肌，然后慢慢地反方向回到开始的姿势。在家锻炼时，可以站在脚踏板或者楼梯上，脚跟悬空并低于脚趾。一手握住固定的物体，另一手握着哑铃。按照上面的描述来完成动作。

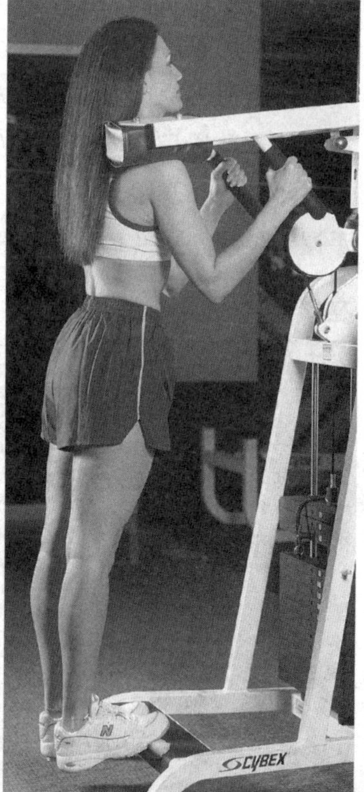

在家中

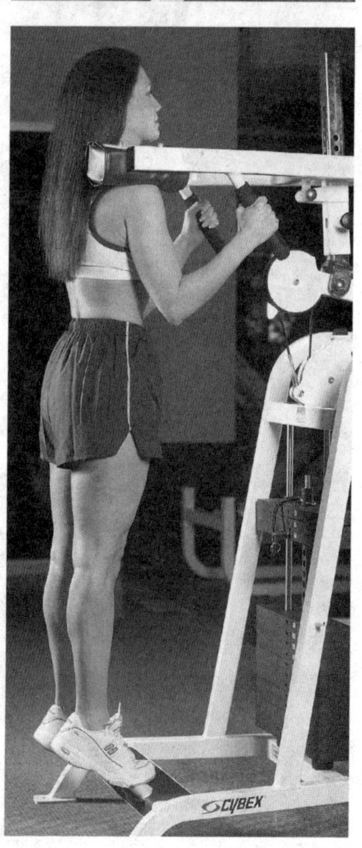

单腿站式提踵

肩膀顶住站式提踵器械的阻力板。将右脚掌放在踏板上，脚跟降到脚趾下方。慢慢地尽量高地抬起脚跟使右小腿肌尽量收紧。收缩小腿肌，然后慢慢地反方向回到开始的姿势。右脚完成预期的锻炼次数以后，同法锻炼左脚。在家锻炼时，可以站在脚踏板或者楼梯上，脚跟悬空并低于脚趾。一手握住固定的物体，另一手握着哑铃。按照上面的描述来完成动作。

在家中

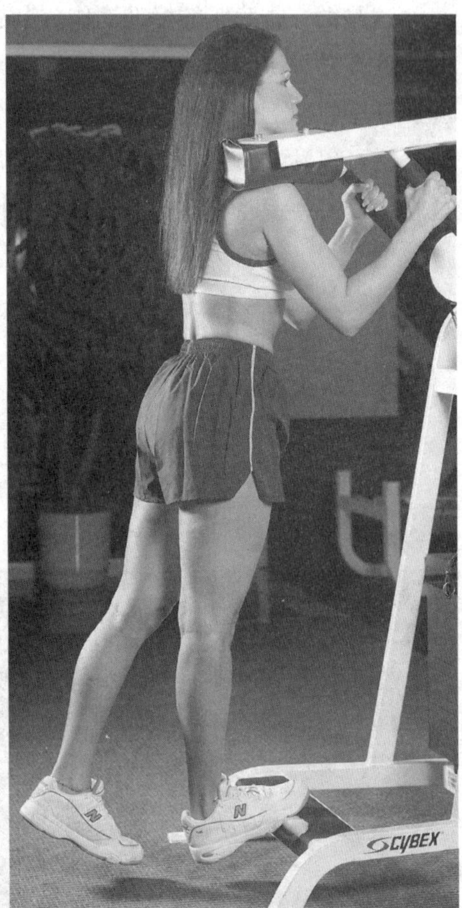

坐式提踵

这是锻炼比目鱼肌的标准动作。首先，坐在坐式提踵器械上，将固定板紧紧地固定在大腿上。脚掌放在踏板上，脚跟降到脚趾下方。手可以放在身前的器械上，也可以放在背后舒适的地方，要保证手不会用力。慢慢地尽量高地抬起脚跟，直到小腿肌完全收紧。收缩小腿肌，然后慢慢地反方向回到开始的姿势。在家里锻炼时，可以坐在平椅的边缘，脚趾放在木凳上。在大腿上放一个哑铃并用双手握住。按照上述方法进行锻炼。

在家中

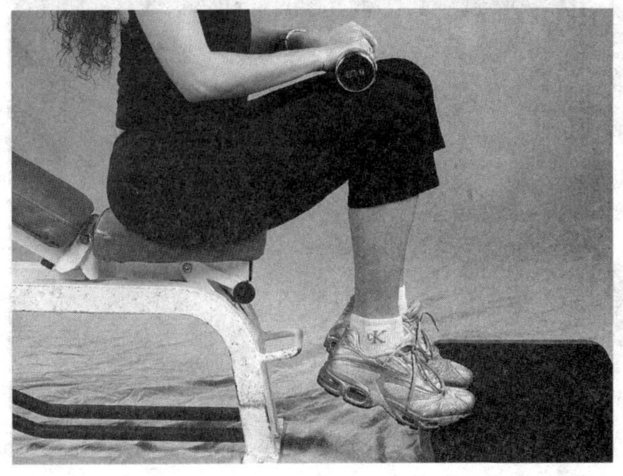

单腿坐式提踵

坐在坐式提踵器械上，将固定板紧紧地固定在大腿上。将左脚掌放在踏板上，脚跟降到脚趾下方。慢慢地尽量高地抬起脚跟，直到左小腿肌肉完全收紧。收缩小腿肌，然后慢慢地反方向回到开始的姿势。左脚完成预期的锻炼次数以后，同法锻炼右脚。在家锻炼时，可以坐在平椅的边缘，一脚脚掌放在木凳上。在大腿上放一个哑铃并用同侧手握住。按照上述方法进行锻炼。

在家中

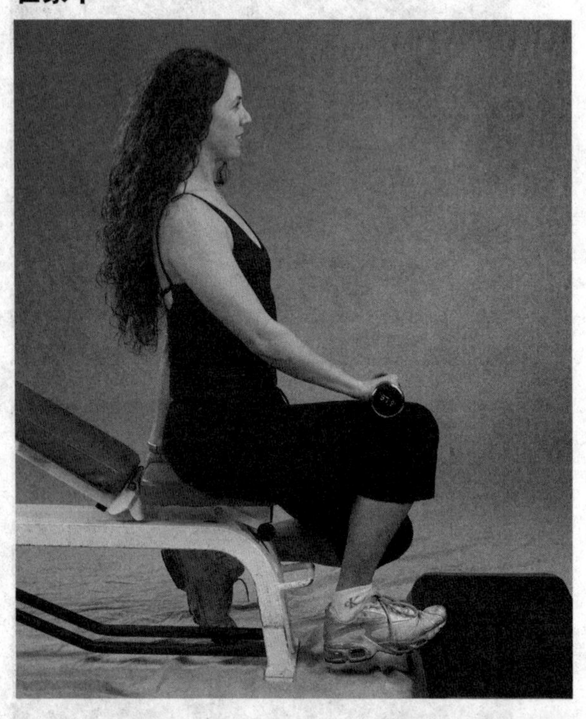

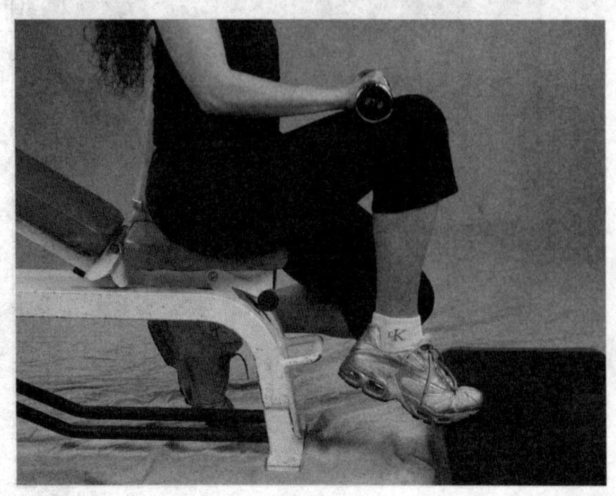

屈腿负重提踵

屈腿负重提踵是比较特别的坐式提踵的变式，可以使小腿锻炼多样化。首先，坐在负重提踵器械上，背部紧靠靠垫。两脚脚趾放在踏板上，距离适中。膝关节弯曲 90°，脚跟降到脚趾下方。膝关节保持固定，慢慢地尽量高地抬起脚跟。收缩小腿肌，然后慢慢地反方向回到开始的姿势。

第十四章

六块腹肌

腹肌是展示身材的展柜。腹肌位于身体的正中央，当穿着比基尼的时候，最先吸引人注意的就是腹肌。露腹短上衣和T恤衫设计的目的就是为了炫耀这诱人的部位。但是，对许多女性来说，一个平坦、结实的腹部却因为基因的缘故难以获得。

对女性来说，下腹部是不太容易塑形的部位。相信很多女性都知道，每个月经周期都会有水潴留，身体为了应对这种情况下腹部会向外拉伸。怀孕还会进一步拉伸下腹部。由于腹直肌的下部比上部要薄，下部的肌纤维对抗九个月张力的能力非常有限，使得下腹部变得柔软，最终导致骨盆区有微微的凸起。

尽管有这些阻碍，针对性的塑形仍可以让您拥有漂亮的腹肌。当消掉腹部的脂肪后，在这块区域进行细节塑形会变得相对简单一些。专注投入到健身中，腹肌将会渐渐地成形，看上去平坦、健美。

塑形计划

腹肌腱鞘很长，从胸廓一直到骨盆。所以，无法将上部腹肌和下部腹肌分开或者只练一部分而不影响到其他腹肌。不过，可以通过抬胸或者骨盆分别针对上腹部或下腹部增加刺激。另外，身体中部的外侧（腹斜肌）参与各种弯曲和扭转动作。所以，腹部锻炼是根据重点刺激的部位（上腹部、下腹部、腹斜肌）而分类的。

● **第一类** 卷腹及其变式等。这些动作可以让上腹部受到最大限度的刺激。卷腹时，需要注意把胸廓朝向臀部下拉，腰背部固定不动；否则，锻炼的是髋屈肌而不是腹肌。

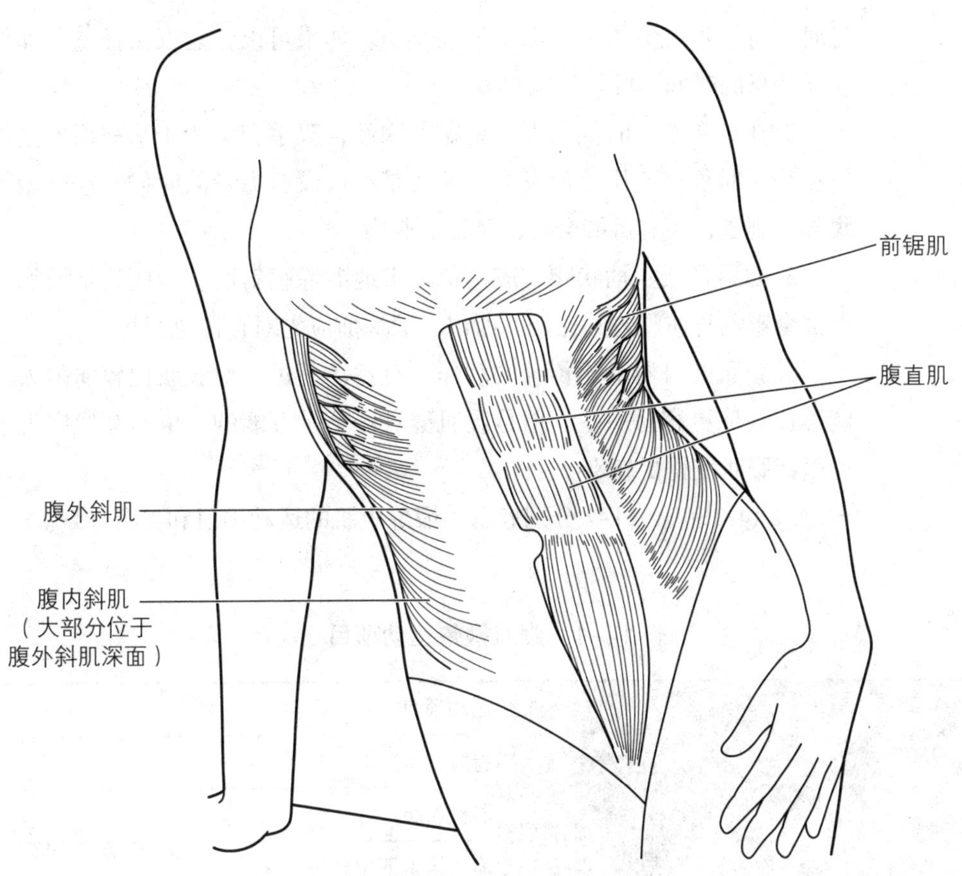

■ 腹肌

● **第二类**　提腿、反式卷腹等。这些是专注下腹部的锻炼。腹肌是女性最难以塑形的肌肉。因为腹肌的位置，使得它的活动范围非常有限，也因此很难让其有力地收缩，这些限制了腹肌的塑形能力。要想让下腹部得到更有效的锻炼，非常重要的一点是注意把臀部朝向胸部上抬，而不是仅仅抬腿。这样可减少髋屈肌的参与，从而最大限度地刺激下腹部。

● **第三类**　侧弯、转体等。这些是针对腹外斜肌和腹内斜肌（勾勒腰部线条的肌肉）的锻炼。正确锻炼腹外斜肌和腹内斜肌可以使身体中部的塑形得以完善，有画龙点睛的作用。

塑形建议

1. 锻炼腹肌的有效方式是把整个锻炼计划作为一组来实施操作。由于腹肌的可塑性欠佳，因此锻炼的目标应是使其变硬，同时减少脂肪使肌肉显露出来。减少休息时间可增加耗氧量，有助于消耗脂肪。如果可以，建议选择三种动作连续练习，中间休息的时间刚好可以喘口气。

2. 在做卷腹的时候，下巴要贴着胸部，双手交叉放于胸前而不是放在头后。手放在头后时往往会用颈部发力，尤其是在快没有力量的时候。这样做不仅会减少对腹部的刺激，还有可能会拉伤颈部的肌肉。

3. 如果是天生桶状腰，应避免过多地锻炼腹斜肌。即便只是增加一点此处的肌肉都会影响身体整体的比例。所以，锻炼前应先对自己进行评估。

4. 腹肌健身器不比传统的动作更有益。不过，对腹肌比较弱的人，会有帮助，能够让锻炼更容易一些。但是腹肌健身器不是万能的，也不会像广告上说的那样，可以让腹肌变得更扁平。

表 14–1 和表 14–2 分别展示了锻炼腹肌的运动项目和参考计划。

表 14–1　腹肌锻炼运动项目

类	运动项目
第一类	卷腹
	器械卷腹
	跪式绳索下拉卷腹
	坐式绳索下拉卷腹
	碰触脚尖
第二类	反向卷腹
	仰卧腿举
	吊杠提膝
	控腿
第三类	侧向扭腰
	仰卧转体
	吊杠转体提腿
	折刀式
	反向转体

表 14-2　腹肌锻炼参考计划

套	在健身房中		在家中	
	运动项目	组数	运动项目	组数
第一套	跪式绳索下拉卷腹和仰卧腿举、反向转体超级组	3	卷腹和反向卷腹、折刀式超级组	3
第二套	卷腹和吊杠提膝、折刀式超级组	3	碰触脚尖和控腿、反向卷腹超级组	3
第三套	坐式绳索下拉卷腹和控腿、吊杠转体提腿超级组	3		
第四套	器械卷腹和反向卷腹、仰卧转体超级组	3		

卷腹

卷腹是针对上腹肌部的标准锻炼。首先，仰卧在地板上。膝关节屈曲，脚踏地或小腿放在长椅上，手臂交叉放在胸前。慢慢地抬起肩部，向胸部前倾，缩短躯干的长度。收缩腹肉，然后反方向回到开始的姿势。

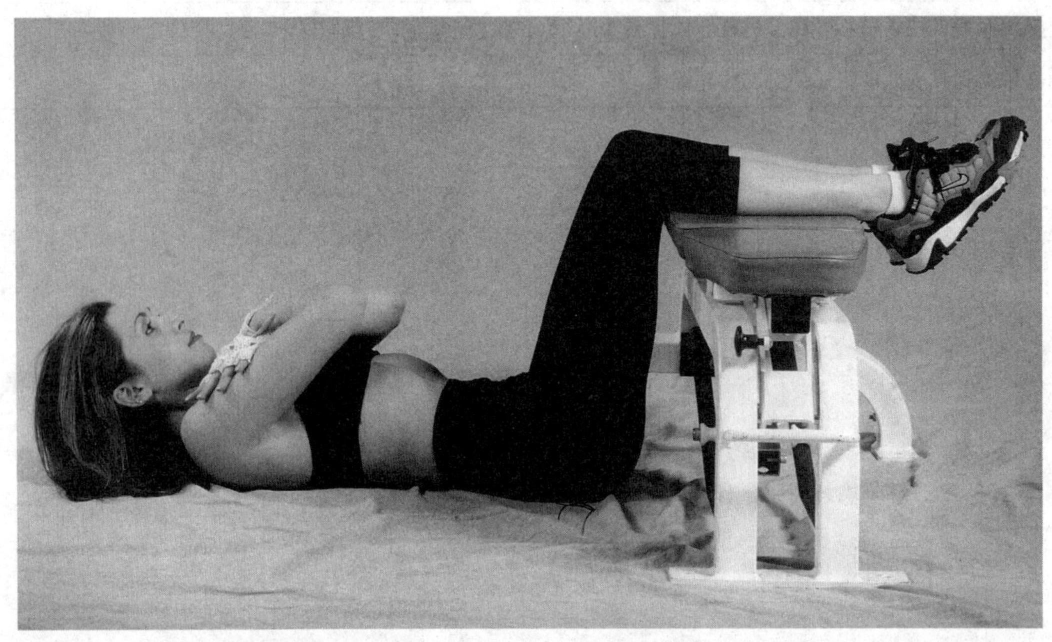

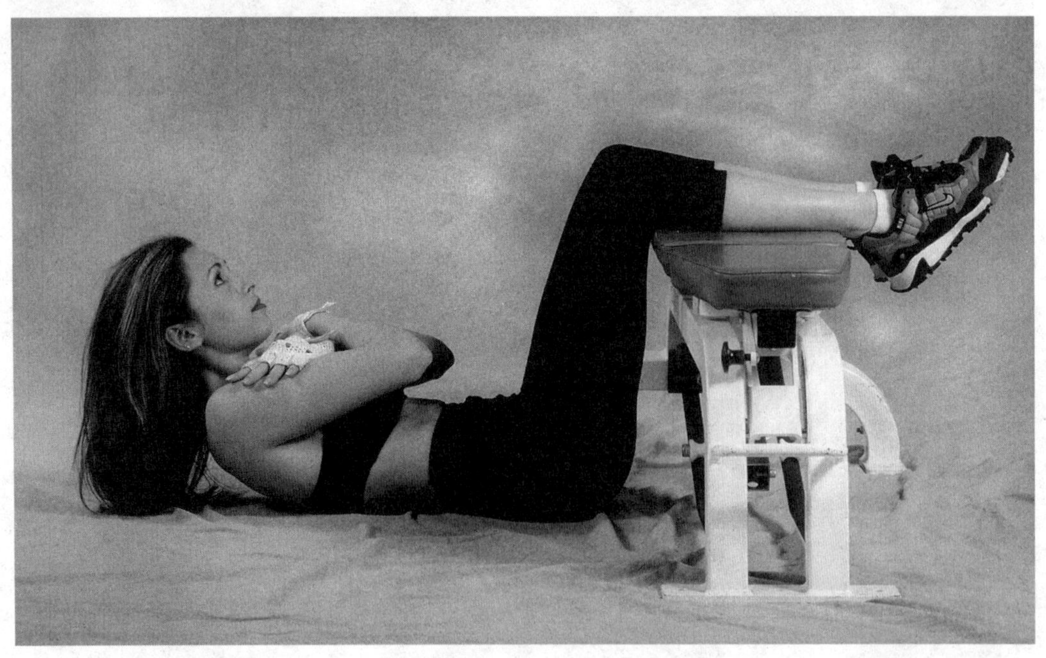

器械卷腹

仰卧在卷腹器械上，脚钩住固定垫。大腿与地面垂直，双手交叉放于胸前。抬起肩部，向胸部前倾，缩短躯干的长度。收缩腹肌，然后反方向回到开始的姿势。

跪式绳索下拉卷腹

这是笔者最喜欢的腹部锻炼。首先，身体面对高位滑轮装置跪在地上。双手握紧绳子，肘部内收。慢慢地身体向下卷起，肘部向膝关节移动。收缩腹肌，然后慢慢地舒展身体，回到开始的姿势。

坐式绳索下拉卷腹

方法同跪式绳索下拉卷腹，不同的是坐式绳索下拉卷腹是坐在高拉训练机上，固定垫保护双腿。握住绳子，胳膊贴着耳朵，慢慢地将胳膊移向膝关节。

碰触脚尖

平躺在地上，双腿双臂向上伸直并与地面垂直。慢慢地将躯干向上向前卷起，双手尽量接近脚趾。收缩腹肌，然后反方向回到开始的姿势。

反向卷腹

反向卷腹对锻炼腹直肌下部非常有效。仰卧在地板上。双膝向腹部收起，上背部紧贴地面的同时臀部尽量抬高。收缩腹肌，然后反方向回到开始的姿势。

仰卧腿举

仰卧腿举非常适合作为高强度的腹直肌下部动作的热身动作。髋屈肌参与了这个动作，因此当腹肌有足够的力量时，应当做更加专注于锻炼腹肌的动作。坐在平椅的边缘，身体向后靠，上身和平板保持45°，下肢微微朝下伸直。保持上身固定，慢慢地将腿抬起直到与地面成45°角。收缩腹肌，然后慢慢将腿放下，回到开始的姿势。

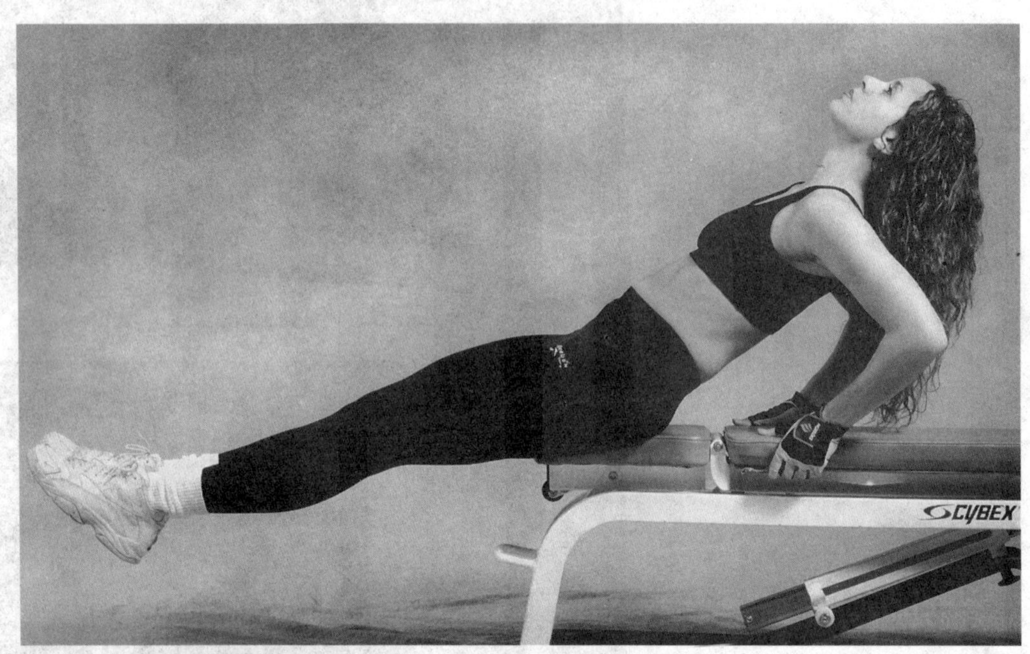

吊杠提膝

双手分开同肩宽，握住引体向上杆，上身在运动过程中保持不动。保持膝关节弯曲，慢慢地将双腿抬起，臀部抬高使得骨盆倾向腹部。收缩腹肌，然后反方向回到开始的姿势。如果要增强刺激，可以在锻炼时伸直双腿。如果握杆有困难，可以用臂悬带辅助。

控腿

这个动作做起来比较困难，但是如果努力去做，效果很好。首先，躺在地上，手放在身旁，双脚并拢。双腿向上抬起，下身离地，然后腰背部、中背部依次离地。到达最高点的时候吸气，然后顺序反过来慢慢躺下，边下降边呼气。

侧向扭腰

将体操棒或者类似的工具放在肩上。双手握紧两端，保持体操棒的位置不变。尽力收缩腹斜肌带动上身慢慢地朝右边转动。然后用同样的方式朝左边转动。转动的时候要注意只有腰在使力，臀部不动。为了减小颈部转矩，在做这个动作的时候应直视前方并保持颈部不转。

仰卧转体

这个动作对整个腹肌都很有效，而且专注于腹斜肌。首先，仰卧在平地上，小腿放在平板上面。大腿与地面成 90° 角，双手交叉放在胸前。慢慢地将肩膀向前向上抬起，身体向右扭动。收缩腹肌，然后慢慢反方向回到开始的姿势。右侧完成预期的锻炼次数以后，同法锻炼左侧。

吊杠转体提腿

双手分开同肩宽，握住引体向上杆，上身在运动过程中保持不动。膝关节保持弯曲，慢慢地将双腿朝右上方抬起，臀部抬高使得骨盆倾向腹部。收缩腹直肌和腹斜肌，然后反方向将双腿移回开始的姿势。右侧完成预期的锻炼次数以后，同法锻炼左侧。如果握杆有困难，可以用臂悬带辅助。

折刀式

左侧躺卧，双腿并拢。右手握拳紧贴右耳。上半身向右腿方向尽量抬起。收缩腹斜肌，然后反方向，回到开始的姿势。右侧完成预期的锻炼次数以后，同法锻炼左侧。

反向转体

仰卧在地板上，双手朝两边伸直，手掌朝地。双腿伸直，双腿并拢，腿抬高与地面成直角。慢慢地将腿向右侧放下，注意保持躯干紧贴地板。双腿抬起回到开始的姿势，然后向左侧重复一次。左右交替练习，完成预期的次数。

第十五章

有氧运动的脂肪消耗

对于大多数女性来说，有氧运动等同于锻炼。很多女性不会尝试任何举重锻炼，但会尝试某些有氧运动。

很不幸的是，有氧运动通常被人误解。其中一个普遍的误解是有氧运动是完美身材的关键，只要坚持锻炼或者上几节课，身材就会变成一件艺术品。对吗？错！简单的常规有氧运动并不能得到想要的结果。为了塑造合适的体形，必须评估需要的和适当的整体有氧运动并列入健身计划中。恰当、科学、坚定地进行有氧运动对整体塑形有显著效果。

简单地说，有氧运动可以是任何一项需要机体消耗氧气的运动（与有氧运动相反的无氧运动不消耗氧气）。耗氧通常伴随着相应的心率升高和血管血流量增加。从塑形方面来说，有氧运动可以达到提高肌肉耐受力和增加脂肪储存的双重目的。有氧运动补充了体重锻炼计划，协同完成整体健身。

有氧运动对塑形的作用

尽管我们都知道有氧运动对身体的好处，但对其在塑形方面的作用还是一知半解。除了知道它有助于燃烧脂肪，大多数女性对有氧运动对身材影响的认知还是很缺乏的。

- **消耗脂肪** 有氧运动可以加速脂肪燃烧。有氧运动中消耗的大多数热量来自于脂肪。如果运动强度足够，有氧运动足以抵消从汉堡和薯条中获取的脂肪量。而且脂肪燃烧效果会延伸至运动以后。有氧运动之后代谢水平会提高，可延长脂肪燃烧数小时。此外，线粒体（细胞的熔炉——脂肪燃烧的发生地）变大、数量增多，有氧代谢酶（加速脂肪燃烧的蛋白质）数量也增多。随着时间的推移，这些因素会使身体消耗更多脂肪而不是糖原（碳水化合物）来补充体力，有助于长期体重管理。
- **肌肉耐力** 有氧运动更好地提高力量锻炼时的肌肉耐力。举重时身体通过糖酵解将葡萄糖转化成高能物质 ATP（腺苷三磷酸）为运动提供能量。在这一转换过程中，会产生乳酸并快速累积在肌肉。当乳酸累积超过一定量时，会有一种肌肉剧烈燃烧的感觉。最终，这种感觉使您无法继续锻炼。然而，当需氧量得以提高时，运动时心血管系统能更有效地为骨骼肌提供氧气。也有助于提高乳酸阈（超过乳酸阈值时体内乳酸量多于代谢量）由此可以延缓乳酸堆积。最终结果是在高能锻炼时有更好的耐力。

●肌肉恢复　有氧运动有助于肌肉恢复。有氧运动有助于扩展毛细血管网，毛细血管促使蛋白质、碳水化合物等营养物质被组织吸收。毛细血管越多，身体越能有效地利用营养物质为肌肉功能。毛细血管也能清理代谢废物，尤其是食物消耗过程产生的二氧化碳，因此更能提高营养运输系统的效率。营养运输系统效率的提高可以加速肌肉恢复，有助于提升锻炼和速度恢复。

有氧运动的性别差异

尽管有氧运动的益处如此之多，可实施起来却很复杂。女性通常不太擅长有氧运动。因为性别的原因，女性的有氧运动能力通常不如男性。为了能安全有效地锻炼，在制订有氧运动计划时必须考虑性别因素。下面是一些有氧运动中的性别差异。

1. 女性的需氧量低于男性 10%~20%。女性内脏器官通常较小（包括心脏和肺），血红蛋白水平也比男性低，导致心输出量（每分钟内心脏泵血量）低于男性，输送血液和氧气至运动器官的能力也低于男性。因为有氧运动需要氧气支持，因此女性的有氧运动耐受力低于男性。此外，心脏和肺有助于排出体内代谢废物，有利于运动恢复。而女性的这些器官较小，无法像男性一样排出这些废物，从而降低了运动恢复的能力。因此，为了达到相同水平的有氧健身，女性要比男性更努力。

2. 女性比男性更容易损伤关节和结缔组织。女性骨骼较小，对于严格的锻炼更敏感。有氧运动对关节和结缔组织的使用较多，更易使它们受伤。因为女性的大 Q 角（膝盖和大腿外侧所形成的角），所以膝盖尤其脆弱。一般说来，臀部越宽，Q 角越大。为了适应分娩的需要，女性臀部通常较宽。剧烈运动时，大 Q 角导致更大的力量作用于膝关节，增加了膝关节损伤的危险性。因此，女性进行耐力锻炼时必须特别注意对膝关节的自然冲击力（如踏板课程和高强度有氧运动）。

3. 激素水平对女性需氧量也有影响。在月经期和更年期时延长锻炼会导致眩晕、恶心等。在月经期和更年期，激素水平的变化破坏了身体的正常节奏，可引发很多症状，影响心血管功能，使锻炼更困难。此外，身体的不适会进一步降低锻炼的动力。一些女性在月经期会有抽筋、头痛等症状，这些增加了锻炼的重要性。

对有氧运动的误解

通过对有氧运动错误信息的纠正，能更好地将有氧运动整合进高能锻炼计划中。

误解 1　爬楼梯会让臀部变大

当美国流行杂志介绍爬楼梯会女性的臀部变大时，很多女性都相信了。她们害怕臀部会变成电影屏幕那样，就像躲避瘟疫一样避免爬楼梯。事实上，这个说法一点都不正确。任何有氧运动都不可能增加肌肉块。原因很简单：肌纤维分为两种，慢缩肌（Ⅰ型）和快缩肌（Ⅱ型），每种与不同的刺激相对应。

快缩肌是与力量相关的肌纤维快速收缩，但是容易疲劳。大多数能量来自糖原分解而不是脂肪。这使它们对于剧烈的负重运动（如俯卧撑、下蹲等）这种短时间的运动更敏感。为了满足有氧运动的需要，快缩肌变得更大更强。这是唯一会变大且能增加肌肉块的纤维。

慢缩肌是耐力肌纤维，不可能变大。这些肌纤维必须通过分解脂肪提供能量，收缩慢速，但是可以支持长时间运动。慢缩肌主要在有氧运动时发挥作用，尤其是在无负重的情况下，此时快缩肌几乎不参与运动。

爬楼梯锻炼是有氧运动，所以爬楼梯不会让身体任何部位的肌肉变大，包括臀部！

误解 2　有氧运动不会锻炼过度

因为有氧运动是低强度的耐力运动，很多女性认为锻炼可以没有限制。尽管身体能容忍大量有氧运动（远多于无氧运动），但是运动太多会影响健身运动而且对体形有不良影响。

个体的恢复能力各不相同，身体需要休息重新储存糖原。糖原是身体原始短期能量来源，为每天琐事提供能量和耐力。因为有氧运动分解糖原（也有脂肪），太多有氧运动分解糖原，最终导致锻炼过度。

锻炼过度使利用脂肪供给肌肉组织作为能量的效率降低（由于应激激素分泌）。此外，也会破坏生化平衡，引发众多并发症，包括闭经、长期疲劳等。因此，应密切关注锻炼过度的症状，根据身体生理情况调整有氧运动。

误解 3　低强度有氧运动比高强度有氧运动更益于脂肪燃烧

几个研究指出，低强度有氧运动比高强度有氧运动消耗更多的脂肪，这个误解就被当真。这些研究认为低强度有氧运动时身体更能利用脂肪作为能源（利用约 60% 的脂肪，而高强度有氧运动为 40%）。

然而，这是不对的。选择性地利用脂肪作为能源可以消耗更多的热量。高强度有氧运动比低强度有氧运动更加能完全分解脂肪。因为衡量脂肪分解最重要的指标是卡路里（即卡，非法定计量单位，1 卡≈ 4.2 焦）的数量，而不是脂肪利用率。高强度运动是处于决定性地位的。

相同时间的锻炼，低强度有氧运动带来的收益很低。没必要花费一小时低强度有氧运动达到半小时高强度有氧运动的效果。如果目标是燃烧脂肪，高强度的有氧运动是更有效的选择。

误解 4　汗水是运动强度的指标

大多数女性错误地认为，出汗是锻炼有效的标准。但是出汗通常和严格的锻炼相关，这与锻炼是否有效没有关系。

运动时，因为代谢加快，所以体温上升，进而出汗。出汗可以调节体温，通过汗液可以释放热量。因此，出汗是体温升高的指标，而非锻炼强烈程度的指标。判断锻炼效果的依据不是出汗多少，而是最大心率或者耗氧量。

此外，与大家普遍认为的“身体健康不容易出汗”相反，身体越健康越会出汗。频繁运动会使调控身体温度的汗腺更敏感。随着时间推移，身体察觉您要开始锻炼时，不会储藏额外的热量，在开始锻炼之前就会发出出汗信号。

误解 5　有氧课程是有氧运动的最佳方式

提起有氧运动，大多数人想到的是老师上课，教人们不同的跳、扭等体育运动。每周都有吸引人的噱头和聪明的营销角度：高冲击、踏板、滑动、旋转……名目好像数也数不清。毫无疑问，有氧课程很有趣。有氧课程用动感的音乐和舞蹈般的移动营造出一种欢乐的氛围，这也是社交和认识新朋友的场所。对于那些没有内在动力锻炼的人来说，这些因素也能成为动力。

通常来说，最好自己进行有氧运动而不是参加有氧课程。群体活动有几个缺点。首先，为了迎合大多数人，它不会专门针对个人的特殊情况。其次，很多课程含有极端的、非正统的运动，这种情况下受伤的危险很大。所以如果要获取最佳效果最好不要参加有氧课程。

相比之下，自己进行有氧运动能让自己在能力范围之内进行运动。可以制订满足自身特殊需求的计划，从而最大限度地提高分解脂肪潜力。因为个人运动能在受控制的方式下进行，这更加安全。

如果没有动力自己去锻炼或只是想从中获取一些乐趣，有氧课程或许适合您。但是，如果想在最短时间内获得最大效果，个人有氧运动会是更好的选择。任何有助于提高锻炼的动力都是值得的。经验显示，最能鼓励坚持运动的方法是用最安全、最便捷的方法达到目的，再没有一种动力比亲眼见到身材改变更能激励自己的了。

有氧运动的哲学

为了达到最好的效果，鉴别有氧运动和高能健身系统下的负重锻炼部分两方面的差异很重要。尽管高能方式的负重锻炼能提供有氧运动的好处，但这依旧是无氧运动。负重锻炼需要短时间高强度运动，可导致肌肉衰竭，破坏肌肉、结缔组织和过载的中枢神经系统。因为身体经受了无穷的压力，计划必须含有适量的休息，以使机体功能得以修复。

另一方面，有氧运动是耐力运动（持续很久的运动）。与负重锻炼相比，这些运动强度需适度。有氧运动的目的不是让肌肉过载，而是在连续不断的运动中使心输出率保持在一定水平。有氧运动只会影响很少一部分肌肉组织，而且在运动中可以快速恢复。因此，进行有氧运动可以比负重锻炼更频繁，休息时间更短。

力量锻炼与减肥

力量锻炼有助于消耗脂肪，甚至在长期体重管理上比有氧运动更重要。肌肉是代谢活跃组织。每增加约 0.5 千克肌肉，每天休息时身体需要多消耗 50 卡路里（1 卡路里≈ 4.2 焦）。因此，每增加 5 磅（1 磅≈ 0.5 千克）肌肉（新手锻炼者能在几个月内完成），每天需要多消耗 250 卡路里，即使只是躺在沙发上看看书！更好的是，大多数休息时消耗的卡路里来源于脂肪。

人们减肥时努力控制卡路里摄入。但是这会导致机体进入饥饿状态，开始为了能量分解代谢（破坏）肌肉组织。如果忽略力量锻炼，代谢会因为肌肉减少而下降。当不再控制卡路里摄入时将会出现反弹现象，最终会重新甚至比节食之前更胖。

有氧运动的原则

为了使有氧运动更有效，请遵守以下原则。

- **频率** 多久进行一次有氧运动取决于基因和总体运动水平。大多数女性一周 3~5 次有氧运动即可，但是个人情况不同应该有不同的指导原则。需要评估的因素包括肌肉情况、需要减掉的脂肪总量和所能适应的有氧运动的频率等。如前所述，高能力量锻炼会增加肌肉、结缔组织和中枢神经系统的负担。有氧运动可以打破这种困境。为了避免过度锻炼，笔者认为每周至少应有两天完全休息。每周有氧运动不多于五天有助于身体恢复。记住，多不一定好。太多有氧运动会破坏肌肉组织，并最终导致肌张力降低，减缓新陈代谢，获得与期望相反的效果。

- **持续时间** 不需要长时间的有氧运动来减肥。很多女性为了减肥可以在跑步机上跑几小时。这样不仅不必要，还会适得其反。其实，如果锻炼适当，少量时间即可获得最佳效果。在刚开始锻炼时，可能只能耐受几分钟的有氧运动。如果有氧状态不好，氧气供给不足，很容易喘气。不要让这些影响情绪，耐力会快速建立，短短几周，耐力就会有很大提高。不久之后，有氧运动就会变得轻而易举。一旦建立起充分的耐力，有氧运动至少可持续约 20 分钟。最近有证据表明，将一次长时间的有氧运动分成几段短时间的运动，同样可以获得相同的效果。长时间，持续很久的有氧运动会影响机体，更会导致锻炼过度。因此，为了避免不良后果，有氧运动时间应控制在 45 分钟之内。在这个时间范围内进行有氧运动，可以最大化地燃烧脂肪，并且可以降低潜在危险。

● **强度**　测量有氧运动强度的方法很多，最简单和最有效的方法是最大心率（220 减去年龄）的百分数。用这个方法，有氧运动时应保持最大心率的 50%~80%。注意，有氧运动前要有短暂的、低强度的热身，结束时的放松与热身水平接近。有氧运动时，应尽量提高有氧运动强度直至接近 80% 的最大心率。这不仅使您在最短时间内完成更多，也能调节心血管系统、提高乳酸阈。

● **变化**　与高能系统力量锻炼一样，有氧运动应多样化，可以将几种有氧运动（骑自行车、跑步、爬楼梯等）交叉锻炼。交叉锻炼是有氧运动的一个重要概念，有助于减少无趣和促进日常锻炼。每次任意选择一个交叉锻炼，别让身体习惯于某种特殊运动。用这种方法，身体会放松警惕，防止特殊适应。此外，因为有氧运动方法不同，主要参与的肌肉不同，关节就不会一直受影响，可显著降低受伤的可能性。总之，交叉锻炼应该是有氧运动方案里的一部分。

心血管原则

频率：	每周 3~5 天
持续时间：	每次 20~45 分钟
强度：	最大心率的 50%~80%
变量：	几种运动中随机选择

有氧运动原则即高能健身系统有氧运动原则。与力量锻炼一样，合理锻炼决定锻炼效果。因为有氧运动计划对力量锻炼有影响，维持两者的平衡有助于保持最佳体形。笔者建议从最低水平开始锻炼，逐渐提高。有人喜欢一开始就全力以赴，但锻炼的结果往往不尽如人意。在锻炼和过度锻炼之间有一条界线，谨慎能避免越过界线。

选择有氧运动方式

现在您知道了如何将有氧运动方式融入锻炼计划中，但是面临着另一个问题：选择哪种有氧运动才能达到最佳效果？这个问题引起了健身专家的激烈争论。运动方式的多种多样，让人眼花缭乱，无所适从。更糟糕的是，新型有氧运动机器还在源源不断地投入市场，花样繁多的广告语句句敲击人们的心灵，如“终极脂肪燃烧器械”。雾里看花，如何选择真正适合的有氧运动呢？

事实上，当分析所有因素后，进行有氧运动的器械在燃烧卡路里方面没有太多不同。表 15-1 列举了一些常见有氧运动的卡路里消耗量。记录的是每小时卡路里的消耗量。如果进行一项运动一小时，这些运动方式之间差别真是微乎其微。

粗看一眼，好像使用跑步机跑步是有氧运动的最佳选择，因为它消耗的卡路里

表 15-1　部分有氧运动的热量消耗

有氧运动项目	每小时消耗卡路里	
	中等强度	高强度
动感单车运动	255	355
滑翔模拟机运动	298	339
划船机运动	303	370
阶梯机运动	314	373
健身车运动	249	302
跑步机运动	353	433

最多。这些数字没有将身体的适应性考虑进去，身体的适应性也会大大影响卡路里的消耗量。如前所述，人体容易适应外界刺激而熟练一项运动方式，不断提高运动效率。唯一的中和这种适应性的方法是不断提高运动强度——当然运动强度是有最高限度的。因此，只使用跑步机锻炼不可避免地会降低效果。从原则上看，交叉锻炼是唯一可以避免这种现象的方法，也能获得最好的效果。不要相信炒作，简单、单一的锻炼方式（无论是使用跑步机或是其他任何一种方式）是达不到预期目标的。

进行有氧运动时加入有节奏的手臂摆动可以提高运动强度。在肩膀水平前后摆动手臂时，心脏泵出的血为了抵抗地心引力作用，可增加耗氧量，消耗更多的卡路里。为了加速卡路里消耗，可以手握哑铃进行锻炼。有调查显示，每小时手握哑铃跑步约 6.4 千米与普通跑步约 8 千米消耗的卡路里一样，对关节的压力减小了 50%。

在所有锻炼中，安全最重要。很多潜在危险与锻炼方式相关，避免有潜在危险的锻炼方式并且保护自己不受伤害很重要。因为女性很容易受到关节相关疾病的困扰，选择运动方式时尤其需要把这些因素考虑在内。

应尽量避免有氧课程。这些课程不仅在消耗卡路里方面有弱势，还会提升受伤的概率。应尽可能地使用如跑步机、健身车、阶梯机等有氧运动器械。这些器械锻炼较好地降低了受伤风险。

跑步也有潜在的危险。跑步对胫骨和膝关节有影响。研究显示，经常跑步的人发生下肢损伤的概率是 70%。在街上或者硬路面上跑步时危险更甚，会加重膝关节的压力。此外，路面上的坑洞、潮湿的树叶和积雪都会增加受伤的可能性。

笔者建议最好在质量好的跑步机上进行跑步或者慢跑。跑步机表面有软垫，可以吸收部分胫骨和膝关节的压力。虽然并不能完全消除地面的反作用力，但可以减小反作用力。跑步机还可以调控速度，利于维持心率水平。如果坚持在户外跑步，应在跑道上进行。除此之外，可以穿护膝来保护腿部！

游泳并不是一个燃烧脂肪的好选择，因为水温低于人体正常体温（除非你在热水浴缸里游泳）。游泳使身体无法保存体内热量。随着时间推移，身体会产生脂肪绝缘层。因此，从塑形角度来说，游泳只能作为偶尔的运动。

不管选择哪一种方式，进行有氧运动时都要小心控制自己的力量。反观力量锻炼，有氧运动更易于受伤。因为当进行高强度的短暂力量锻炼时，会比较注意正在进行的动作。一个动作只持续 1 分钟，在整个过程中集中注意力较容易。有氧运动会持续较长时间，大脑容易走神，锻炼时马虎大意会增加受伤概率。聪明的做法是：注意动作，不要大意。

什么时候进行有氧运动

笔者经常被问到："什么时候进行有氧运动合适？应该是锻炼开始时还是结束时？"有的女性喜欢一到健身房就进行有氧运动，而有的女性则喜欢做完力量锻炼后进行有氧运动。尽管这两种都可以接受，但是在做完力量锻炼之后再进行有氧运动更好。

首先，有氧运动是肌肉恢复的积极方式，有助于将乳酸从肌肉中排出。乳酸的副作用是肌肉有酸痛感，抑制肌肉收缩。当完成高强度的力量锻炼时，肌肉中会产生大量乳酸。在力量锻炼之后进行有氧运动有助于消除这些副作用，从而帮助肌肉恢复。

其次，因为力量锻炼比有氧运动强度大，需要消耗更多能量。在能量水平高时进行力量锻炼较好。随着能量水平下降，力量锻炼能力衰退，锻炼效果也会打折扣。而有氧运动所需能量相对较少，因此，此时进行有氧运动对锻炼效果影响不大。

最后，如果疲劳或者时间紧张，可以推迟有氧运动。有氧运动时身体恢复能力比力量锻炼更快速，因此有氧运动的时间更灵活。只要每周投入适量的锻炼，运动计划的结构对效果的影响不大。连续几天有氧运动不会有不良反应，因而可根据自己需要调整常规运动计划。

总之，何时进行有氧运动对锻炼的影响是有限的，但力量锻炼之后进行有氧运动更有益处。如果心血管功能很好，不管是在力量锻炼前还是力量锻炼后进行有氧运动都能获得很好的效果。笔者建议两种方法都尝试一下，并对效果进行评估，而后依据身体状况决定采取哪种方法。

第十六章

孕期的安全锻炼

对于女性来说，怀孕应该是最令人兴奋的经历了，但是怀孕对身材的影响又是最令人懊恼的。笔者经常听到女性抱怨生完孩子之后难以将怀孕时期的体重减下来。毫无疑问，怀孕时，女性心理和激素改变会大大改变代谢和生理情况。

孕期锻炼的好处

很多女性认为怀孕时应该少运动，担心剧烈运动会影响健康，从而成为电视剧迷。甚至有人认为，怀孕阶段锻炼，不仅会危害自己的身体健康还会影响胎儿。关于孕期锻炼有这么多错误观念，以至于很多妇产科医生都不知道如何给孕妇建议。合适的锻炼不仅对孕期女性无危险，而且有益处。良好的锻炼计划可使孕妇获得以下益处。

- **产后肥胖的可能性更小**　运动降低了产后肥胖的可能性。尽管产后重塑体形也是可行的，但是减去怀孕时多出来的体重的最好方法是怀孕时就保持体形。如果孕期有计划地锻炼，生完孩子之后就能迅速恢复到原来的身材。运动使孕妇在孕期保持肌肉块，提高休息时的代谢率。因为孕期运动水平必然会减少，因此保持代谢尤其重要，这将有助于减少体重增加，使生完孩子之后更容易减肥。

- **身心健康**　孕期运动有助于保持身心健康。孕期仍运动的女性不容易缺少动力和自信心。运动增加能量消耗水平，减少疲劳，增进健康。这些非常有助于增强自信心，因此应珍惜这段特殊时期。

- **减少腰背部疼痛**　孕期运动能减少腰背部疼痛。怀孕时腰背部是最容易受影响的部位。因为女性腹部将会多出 9 千克甚至更多的重量，结构失衡导致腰椎部位承受巨大的压力。如果这个部位肌肉力量不足，压力增加，可能会引起腰背部疼痛。运动可以强健相关肌肉组织，改善体态，预防潜在问题。通过保持肌肉健康，可遏制很多相关异常问题，从而保持身体健康。

- **更易生产**　运动使得分娩更容易。孕期女性最害怕的问题是会经历紧张冗长的分娩过程。研究表明，坚持运动，尤其是怀孕晚期，对于顺利分娩有积极作用。

通过锻炼，力量和健康水平得以提升，可促进胎盘生长和增强胎盘功能，调控宫缩和促进顺产。总之，孕期运动能有效减少分娩过程中的疼痛和不适。

安全防范

开始锻炼计划前，首先应该咨询医生，列出锻炼禁忌证，如高血压、大出血、心律不齐及其他健康问题。平素健康的身体有可能因为孕期的生理变化变得极其脆弱。因此，在锻炼之前非常有必要进行体检，而且此后要定期检查身体状况。

如果怀孕之前不爱锻炼，应该比经常锻炼的女性制订一个节奏更慢的锻炼计划。如果之前从未锻炼，孕期不应该贸然锻炼。

为了获得适当收益，怀孕期间锻炼的细微差别都应及时理解。怀孕时，对于锻炼的反应是有所改变的。不能简单地一直进行高强度锻炼，为了胎儿健康应该严格控制锻炼。孕期的锻炼目标不是塑造完美形体，而是最安全情况下保持高水平健康。遵循锻炼原则并努力追求锻炼目标，怀孕时和分娩之后就能获得保持身体健康的回报，且没有自身和胎儿受伤的危险。

不管健康水平如何，孕期锻炼花费比平常更多。必须将所有因素都考虑在内，淡定从容。为了让身体保持合适状态，需要在热身运动上多花时间。锻炼过程中必须保持警惕，尽可能多花时间让心率保持在合适水平。

制订孕期锻炼计划

如果没有任何异常情况存在，可以准备开始锻炼了。锻炼结构应该跟这个阶段的身体情况一致，适应怀孕时的身体生理情况。可以进行一组拉伸、力量锻炼和有氧运动，这里的“组”与第三章讲到的“组”一样。可以每周锻炼 3 天（周一、周三和周五），制订有规律间隔期的锻炼计划。合理的休息在孕期尤其重要，必须听从身体的感觉。如果觉得累了，应该多一天或者两天休息来恢复体力。

产前锻炼时应注意维持体温稳定。一些研究显示，怀孕可使体温升高。因为在热或潮湿的环境下锻炼难以使身体冷却下来，极易引起相关疾病，所以应选择通风良好、有空调的环境进行锻炼，在整个锻炼过程中保持体温不高。此外，锻炼时应穿合适的衣服：穿支撑鞋维持平衡，戴孕妇文胸和穿合适的衣服（温度低时穿有隔层的紧身衣，温度高时穿棉 T 恤和短裤）。锻炼时应检测体温。如果感受到任何剧烈变化，应立刻停止锻炼。

锻炼过程中维持水分是很重要的。脱水会导致热衰竭和中暑，后果不堪设想。因此，锻炼前需喝 1 品脱（1 品脱 ≈ 568.26 毫升）水，每过 20 分钟至少补充 1 杯水。这些液体能补充通过汗液蒸发的水分。最后提醒一点：不要把口渴当作补充水分的标志。当你觉得口渴的时候，身体已经处于脱水状态了！

锻炼前仍需要热身，孕期锻炼热身尤其重要。激素水平的变化使孕妇的结缔组织变软、韧带松弛，容易受伤。适度的热身能帮助全身血液循环，减轻关节压力，进而减少受伤危险。采用与第二章相似的计划，多花时间用以确定身体完全热身。为了进一步减少运动伤害，不要将身体拉伸到感受到抵抗的最大点。要在舒适的环境下、在放松状态下进行拉伸。当然，应该避免任何弹跳类的锻炼，此时危害特别大。

接下来，应该制订一个有节制的力量锻炼计划。很不幸，很多女性在开始怀孕时就放弃了力量锻炼，认为怀孕时力量锻炼很“危险”，效果也不好，这种想法是错误的。只要遵从代谢规律，力量锻炼非常安全。此外，这是唯一防止代谢水平减缓，保持肌肉的方式，如果想在孕期保持身材，请务必进行力量锻炼！

根据身体情况，按照计划进行全身锻炼。血液会流向身体各个部分，锻炼完后也能促进胎儿血液循环。此外，每块肌肉群都能有效直接地被刺激，从而维持全身健康水平。

注意，必须不断改变锻炼计划以适应不同怀孕时期的身体需求。锻炼时有很多禁忌证，禁止进行任何对孕妇有危险的锻炼。

孕期锻炼原则

为了使孕期锻炼发挥最大作用，请遵守以下原则。

- **锻炼** 每组肌肉群只采用一种锻炼方式。改变运动方式仍旧是有好处的，注意避免本章后面介绍的禁忌运动。记住，锻炼的目标是维持高水平的健康，而非身体塑形。因此，简单地保持运动，着重于基础动作。当遇到不舒适的动作时不要完全按照锻炼计划进行，代之以更适合您当前身体状况的动作。
- **组数** 当怀孕时，运动组数应该基于能量储蓄量。怀孕早期，每个动作努力做三组，这是可以达到每个运动目标的理想方式。在没有过度锻炼的情况下充分刺激每块肌肉纤维。孕期应根据精力调整运动量。如果运动结束时觉得很累，每次运动减少运动量到两组甚至一组。
- **休息** 孕期的运动节奏应该比平常慢，两组之间休息间隔一分钟或者更久。

不像高能运动，孕期的力量锻炼不应该是完整的有氧运动。因为怀孕导致体重增加，氧效率下降，身体需要更长的休息间歇来恢复力量和能量储存。通常，开始新一组锻炼时心率应恢复到接近静息心率。但是组与组之间避免静止不动，这会降低心输出率，带来心血管系统的并发症。在完成一组动作后慢走一下，都能维持身体健康而避免潜在危险。

● **重复**　怀孕时，采用重复的锻炼计划很重要。目标是每组锻炼不少于 15 次。显然，孕期的锻炼不是为了力量，次数多有助于保护关节和预防结缔组织发炎。重复时应该流畅可控，尤其强调保持动作平衡。负重时摇摆或者晃动都会加大并发症发生概率。可用特殊工具控制锻炼范围。此外，每次动作都应调整呼吸缓慢而有节奏。负重时千万不要屏住呼吸，这会增加腹腔内压力，加大晕厥的危险。

● **强度**　应该在稍有挑战的程度完成所有的锻炼，不要用尽全力，孕期锻炼强度太大会有灾难性的后果。切记，孕期锻炼的目的是轻微地刺激肌肉，而不是消耗能量。如果锻炼有困难，请不要犹豫，立刻停止。也许您想实现计划目标，但是负重时要有克制，要确定没有负重过量。孕期不应进行高能锻炼。

孕期锻炼原则

运动数量：	每个肌肉群一种
运动组数：	每个 1~3 组
休息间歇：	一分钟以上
每组重复数：	15~20 次
强度：	有点挑战性的

再怎么强调孕期锻炼原则的重要性也不为过。怀孕时期是一个很复杂多变的阶段，不容许有一点差错。锻炼过程中要始终坚持谨慎的态度，否则很容易受伤。最好的锻炼方式是掌控所有可变因素，心情放松，在力所能及的范围内锻炼。

孕期锻炼的禁忌证

孕期有很多锻炼是禁忌的。因为生理激素的改变，某些动作对孕妇和胎儿有害。为了避免潜在的危险，应该理解为什么这些动作是禁忌的。一个动作是否安全取决于如何实施。

1. 怀孕前三个月应避免腰腹部过度弯曲。因为怀孕时重量分布不均匀，弯曲会引发不适。锻炼时，弯腰的动作会引发很多症状，如眩晕、胃灼热。此外，避免腰椎承受过大压力以免腰背部受伤。这些早期症状有可能演变为更严重的问题，因此，怀孕前三个月不能进行直腿硬拉、弯腰划船之类的动作。可以用改良方法代替，如把针对手肘、膝关节或者四肢的锻炼变为针对臀肌和腘绳肌的锻炼。必要的话，可以用毛巾或者枕头支撑身体合适的部位。

2. 怀孕三个月之后应该避免所有上举锻炼。虽然上举锻炼能强健腰背部肌肉，但是怀孕时腰背部比较薄弱，腰背部疼痛是孕妇最常见的并发症。因为怀孕的缘故，上举锻炼会增加腰背部位压力，使之更容易受伤。怀孕时，身体结构失衡将会被放大，因此，不要尝试颈前推举和上斜卧推之类的动作。

3. 怀孕三个月之后禁做仰卧姿势的动作。因为循环血量重新分配，孕妇容易血压力低（低血压）。仰卧位的动作会加剧这一情况，出现头晕等。此外，这些动作使胎儿压在腔静脉上，使流向胎儿的血液减少。循环阻塞，供给胎儿的氧气减少会导致可怕的后果。因此，像卧推、卷腹、肱三头肌伸展等动作在怀孕三个月之后都不应该再做。

尽管这些限制了锻炼的方式，但是仍旧有很多方式可选。表 16–1 展现了多种锻炼方式，希望能对您的锻炼计划有所启发。

孕期的有氧运动和灵活性锻炼

应缩短有氧运动的时间。安全最重要，必须先观察有什么制约因素。限制有氧运动在 20 分钟左右。心率不应该超过最大心率的 70%。对话测试（talk test）是监测运动强度的好方法。对话测试以能毫不喘气地完整说出一句话为基础。如果不能完整说出一句话，则运动量太大，应该减少。对话测试十分重要，有助于确定可以接受的运动强度，把运动维持在安全范围内。

笔者不建议孕期上有氧课程，尤其是进行高强度、高节奏的有氧运动。在第十五章，已经讨论过这些课程的缺点，孕期这些课程的缺点更明显。

孕期关节不够稳定，进行压力较大的活动时尤其容易受伤。有氧课程中的蹦、跳、快速转变方向会对身体产生额外的压力，可引起拉伤和扭伤，甚至四肢骨折。而且，孕妇的平衡力不佳，按照课程做动作很难控制平衡，容易滑倒或者跌倒，这很危险。

对于锻炼计划中的有氧部分，可采用独立运动的方式。像跑步机、健身车和阶梯机锻炼都是很好的选择。这些方式的运动过程易于掌控，在孕妇的能力范围之内，

表 16–1　3 天孕期锻炼参考计划

锻炼部位	第一天	第二天	第三天
胸部	蝴蝶机扩胸	拉力器夹胸	改良俯卧撑
背部	坐式划船	直臂下拉	单臂哑铃划船
肩膀	侧平举	立正划船	哑铃前平举
肱二头肌	坐姿哑铃弯举	站姿曲杠铃弯举	拉力器弯举
肱三头肌	肱三头肌下压	臂屈伸	肱三头肌屈伸
股四头肌	双腿伸展	弓步	腿部蹬举
腘绳肌和臀肌	站式腿弯曲	腿外展	滑轮后踢腿
小腿	坐式提踵	站式提踵	负重提踵
腹肌	跪式绳索下拉卷腹	仰卧腿举	侧向扭腰

能很好地适应。而且，这些器械非常安全，健身效果也很好。

有氧运动之后，最好用温和的拉伸运动结束健身，按照第二章所讲的那样。这样能逐渐稳定体温，有助于乳酸从肌肉中排出。可以尽可能多地做拉伸，体温恢复正常方可离开健身房。

其他与妊娠相关的问题

如果没有出现并发症，可以继续这个健身计划。只要有精力和动力，锻炼对分娩不会造成任何危害。减少锻炼次数和锻炼时间，对健身计划没有不良作用。运动所带来的好处会鼓励您继续进行健身计划。

一般在分娩后 3~4 周即可开始锻炼。但是，在锻炼之前请先咨询医生。因为怀孕时生理和形态的改变会一直持续到生产后 6 周，应该逐渐恢复锻炼。把自己当作初级锻炼者，再次根据自身身体情况，参照第三章的内容制订自己的计划。只要够努力，很快就能恢复之前的体形。

注意：健身计划应安全、有效。孕期的锻炼以 1~1.5 小时为宜，可使身体健康、体力充沛。参照以上原则，制订适合自己的健身计划，在经历怀孕之后也能保持身材，最终和怀孕之前看起来一样，甚至更美！

第十七章

保持体形

塑形之旅即将结束。您是自己体形的掌控者，完全控制自己的体形，这感受多美妙！您现在站在健身的十字路口，决定应该走哪一条路。

在决定行动之前，必须选择最适合自己目标的方法。在高级阶段，健身是一个动态的过程，需要不断注意细节。在做出聪明的决定之前，必须知道自己处在什么位置和想朝着什么方向前进。下面几点可供参考：您对现在的状况满意吗？想在一年内达到最好的体形吗？准备好了更大强度地健身吗？如何回答这些问题将决定接下来的锻炼方向。

锻炼反弹

如果想保持努力锻炼的成果，就应坚持不懈。锻炼是一辈子的事情，只有持续不断的锻炼才能保持肌肉强健。也许有人觉得一旦获得理想体形就不需要继续锻炼了，事实远非如此。您应该跟之前一样努力锻炼，否则将会前功尽弃。

想象来之不易的美好体形变回原来的模样是什么样的心情。但是，如果不继续锻炼，这种情况确实会发生。这个过程即锻炼反弹，肌肉会渐渐地萎缩（体积变小），硬度和密度降低。随着肌肉组织的减少，代谢会下降，相应地使身体脂肪储存增加。随着时间的推移，体形就会回到健身之前的水平，最终您会像从来没健身过的人一样。

锻炼反弹不会一夜之间发生。通常，身体会在某一点上达到稳定（这种现象叫作内稳态）。一旦身体建立起这个点，它会抵抗任何脱离这种状态的情况，努力维持稳定。因此，如果您的身体达到这种巅峰状态很久，身体会动用所有资源抗拒肌肉组织减少，努力保持这种状态。

个别因素会影响反锻炼的实际速度，在锻炼停止的时候其实是无法感受到身体内部情况的变化的。在停止锻炼 2 周内，肌肉萎缩是不明显的。然而，事实是即便短时间的停止锻炼也会对身体造成影响，使得以后的锻炼需要花费更多的精力。

2 周之后，反锻炼的影响开始明显。1 个月之后，身体情况有细微下降。6 个月之后，身体还能维持之前 50% 的水平，还能维持表面硬度。

短暂的停止锻炼之后再恢复之前的体形并不难。因为肌肉有记忆，重新开始健身之后，身体对于恢复之前失去的肌肉组织很敏感。第二次健身时身体的反应更加迅速，恢复理想体形平均需要花费的时间大概是上次的一半。目前，还不能科学地解释这种奇怪的现象。

尽管应该尽可能地避免反锻炼，但它好像不可避免。如果因为各种原因（受伤、家庭矛盾等）必须长时间不健身，应该调整肌肉状态适应健身进程。首先应该回到以前的健身计划中，补回缺失的这部分锻炼，但是这一次必须坚持锻炼。一旦反锻炼发生，身体的耐受能力会降低。尽管大脑想继续锻炼，但是身体已不能经受如此高强度的锻炼。做以前习惯做的强度锻炼可能对神经肌肉系统产生创伤，引起严重的伤害。

恢复锻炼应该采取谨慎的态度。因为反锻炼的程度与不锻炼的时间长短直接相关。因此，恢复锻炼的进度应与不锻炼的时间一致。这样做不至于使神经肌肉系统负担过重，有助于防止削弱性损伤。

一般说来，如果只有不到 3 个月没有锻炼，只需要稍微修改锻炼计划即可。在恢复锻炼后的第一次运动，应降低强度以免无法完成最后几项动作。休息时间可比正常稍久，组与组之间休息 1 分钟。关注于力量和耐受力的恢复，避免使用任何大型组和超级组。接下来的几次运动，可以增加强度减少休息时间，慢慢地回到以前水平。1 个月之内，达到高水平的锻炼方式，接近以前最好的状态。

如果超过 3 个月没有锻炼，几乎要从头开始。应进行全身锻炼，先恢复运动技能和重建肌肉功能。可以参考第三章的内容帮助实现这一目标。

在恢复锻炼的前几周，要有意地保持动作缓慢，关注神经肌肉通路的恢复，为以后的能以最佳的状态锻炼做准备。重新恢复锻炼状态需要花费一些时间，要有耐心。完成前几周的目标以后以循序渐进的方式继续下一步的锻炼。只要足够努力，就能取得迅猛的进展，在几个月内回到以前的状态。

体形保持计划

如果您愿意而且能够持续健身（没有长时间不锻炼），您需要考虑是否完全激发自己的潜力还是仅仅维持现在的身材。如果您满足于现在的身材不想继续高强度健身，保持身材是很好的选择。

不要奢望保持身材的健身只是在公园里散散步。不能简单敷衍了事还期望身材比例保持不变。如果长期懈怠，肌肉会渐渐萎缩，体形必然会受到影响。间断锻炼肌肉萎缩不会非常明显。除非您不在乎来之不易的美好体形变回老样子，否则，至少要间断进行锻炼。

肌肉和脂肪

有一个误解很流行，如果停止力量锻炼，肌肉就会变成脂肪。这个说法通常用作反对停止健身的论据。

然而事实的真相是，肌肉和脂肪是含有两种不同分子的组织。肌肉是由肌动蛋白和肌球蛋白这两种蛋白质单纤维构成的。这些纤维来源于多种氨基酸，承担众多代谢功能。从另一方面说，身体脂肪由甘油酯等构成。甘油酯是由一分子甘油和三分子脂肪酸酯化生成的酯。甘油酯在脂肪细胞中，长期作为首要能量来源。脂肪的功能主要是产生热量、缓冲和支持保护。因此，肌肉转变为脂肪（或者反之）的可能性就像苹果变成橘子那样：简单说来就是不可能发生这种事情。

不锻炼时卡路里的摄入量与锻炼时一样也是非常常见的误解。因为锻炼提高了休息时的代谢，使身体分解更多脂肪，因此健身能消耗更多的卡路里。不锻炼时，应重新评估饮食习惯，有必要以摄入更少的卡路里来应对代谢消耗的减少。如果不减少卡路里的摄入量，体重增加会造成肌肉变成脂肪的错觉。

为了将身材保持在最佳水平，可以使用周期化技术。简单地说，周期（有人称之为循环）化技术是一种改变规律的锻炼间歇时间的方法。通过改变一项或多项锻炼变量达到不同的健身目标。

健身者常为达到比赛最佳状态使用周期化技术，将健身计划设置为高强度、中等强度、低强度的循环。例如，周期化技术通常从高强度循环开始。在这一阶段，健身者的主要目的是锻炼力量，尽可能地强壮。接下来，健身者进行中等强度循环，目的是最大限度地增大肌肉，使每块肌肉达到完美比例。最后，健身者进行低强度循环，主要进行肌肉细节部分的锻炼，消耗身体多余脂肪。合理执行周期化计划，能有效健身、塑形。

周期性技术是最常见的健身和塑形方式，是保持体形的改良方法。因为身体努力保持平衡，只有全面爆发锻炼才能保持高水平肌肉群。最大限度地采用交替循环，其次是努力锻炼，可以发挥足够的神经肌肉刺激，保持身材，同时也能享受无忧无虑的健身时间。

在采用周期性技术把锻炼分为低强度、中等强度和高强度循环时，还应该遵循进行针对性塑形锻炼的原则。坚持每个循环 1 个月，3 个月后重复前面过程。保持锻炼数据不变，包括高组数低休息间歇时间。这能保持有氧代谢情况不变，减少身体对脂肪的获取。

保持体形的原则

为了体形一直保持在最佳状态，请遵守下述原则。

● **第 1 个月（低强度循环）**　在这个循环中，应该采用亚强度锻炼（有挑战但又不那么费劲）。这一阶段的目标是维持身体基础水平，防止肌肉块有形损耗。速度宜快，从一个动作流畅地变换为下一个动作。虽然这一阶段也会产生温和的有氧运动影响，使肌肉疲劳，但这一阶段肌肉衰竭不是主要目的。如果您在高能健身时有肌肉疼痛，那您应该好好享受这一阶段的锻炼。

● **第 2 个月（中等强度循环）**　在这个循环中，强度上升了一个等级。这阶段的目标是为恢复高能水平搭桥，让身体处于全面高能健身的准备状态。此阶段的锻炼需要强体力运动，运动完之后会适当感到疲惫。尽管没有竭尽全力运动，但一组的最后几个动作完成起来也会有些难度。这一阶段不会产生高能健身一样的强烈的肌肉不适。

● **第 3 个月（高强度循环）**　在这个循环中，应该尽全力锻炼，每做一个动作都瞬间耗尽肌肉力量。目的是冲击机体，最大限度地刺激全身肌肉纤维。现在您已经处于高能模式，以使自己突破极限。此阶段是保持体形循环过程中最重要的阶段，可充分优化资源和力量使机体保持高水平的动态平衡。记住：只有竭尽全力才可以让来之不易的体形保持在最佳状态。

心理方面的保持

在保持体形的同时也要有良好的心理状态。在低强度循环中，很容易觉得体形走样了。“我觉得软绵绵的”是这一阶段最常见的感叹。然而，这只是主观看法。如前所述，一旦达到了高水平的肌肉状态，也许身体状态轻微衰退是不可避免的，但锻炼反弹不会很快发生，在高强度循环之后损失的肌肉会很快得以恢复。

保持体形的锻炼不适用于每一个人。有些女性达到稳定发展水平时会很满意，而有些则不论她们到达什么程度都不满意。如果您还想发觉自己的潜力，想要达到自己最佳状态，您不会仅仅满足于保持体形，您会在已有基础上继续追逐体格上的锻炼。

不幸的是，越接近身体潜能，身材有形的改变就越困难。您是通过高强度神经肌肉压力的应答来得到肌肉的。这个应答是身体受到强大的神经肌肉刺激时的防御机制。

当体形逐渐达到完美状态时，同样的付出得到的回报会渐渐变少。身体开始适应锻炼强度，对锻炼刺激的应答逐渐降低。此外，因为此时体格也处于较好的状态，所以增强体格的效果也很微小。

潜能激发得越多，提升的空间就越小。没人能使体格完全完美。不管提升到什么程度，体格永远有提升的空间。付出终有收获，您会成为寻求身体紧致、有形、强健的健身专家。

为了获得有形提升，必须不断强制身体去适应锻炼强度。达到这个目标的方法是使身体不断地保持警惕，不让它适应您的健身方案。您需要运用所有的健身知识制订健身计划以达到最佳效果。例如，您可以使用不同的塑形技术，改变健身计划，使用不同的锻炼器材。任何迷惑身体使它来不及应答的方法您都可以尝试。

精神集中尤其重要。大脑能促使身体做出您想不到的事情，使您迅速达到不可思议的高度。精神的力量对于战胜身体的疼痛有重要作用。有精神力量的支持，可以不断提升锻炼强度，增强锻炼效果。

高级水平时最大的错误是将所有健身寄托于精神层面。健身几年之后，锻炼也许会变成“精神习惯”。就像毒品，控制大脑、身体和精神，使很多心理动机保持在痴迷状态。您渴望有好身材的感觉，错过一次健身就会觉得身材走样；也许您通过健身建立起了社会关系网，不想错过与朋友在一起的时光；还可能健身是您对生活压力的一种发泄，不健身时感觉压力无处宣泄。这些因素会强迫您继续锻炼。

尽管每周健身三次对于身体恢复来说足够了，但偶尔也需要额外的恢复时间。高强度锻炼和外在的因素（如睡眠质量、压力水平、营养缺乏等）结合起来有时会伤害身体，降低免疫力，此时需要多休息一两天。这些情况在高级阶段尤其显著，连续的高强度锻炼会给身体增加额外的负担。因此，必须时刻关注自己的感受。如果你觉得虚弱或者力竭，需要多休息一天。如果不能在充足的强度下健身，最好休息一天，等到身体强壮一点后再继续。

不要被精神控制，而忽略了身体发出的信号。经常增加组数或者锻炼频率以获得更好的效果是不正确的。不要忽略恢复，不是只锻炼就能强健肌肉。最佳的效果源于科学锻炼，而不是随意运动。

写在最后

一谈到塑形没人会忽略饮食的重要性。营养物质是很复杂的命题，已经超出了这本书的范围。简单的概括无法说清这件复杂的事情。

没有合理的饮食方案，就无法发挥出最大的潜能。在塑形方面日常饮食至少和健身一样重要，也许更重要。合理的饮食在调整体内脂肪储存，辅助生长和修复肌肉组织方面都是必不可少的。建议多学习这方面知识，制订一个与塑形计划一致的食谱。笔者的 *Look Great Naked*（Prentice Hall 出版），里面有几章讲述日常饮食及如何使用不同种类的营养物质使体形达到最佳状态。

希望这本书能激发您控制身体的愿望，最大限度激发您的潜能。无论锻炼的目的是什么，您已经掌握了很多知识。知识就是力量，可以带您飞速达到一个全新的高度。拥抱健身的生活方式吧，您的精神和身体都会欢歌。耐心、坚持，您会像其他女性一样，永远改变自己的生活。

附录

健身日记和塑形评估表格

接下来的几页是健身日记和塑形评估表格模板。您可以把表格按顺序复制和存储在文件夹里面。充分使用这些表格帮助您达到锻炼目标。

健身日记

健身日记是一种极好的效果评估辅助手段。定期使用能监督锻炼进程，基于实实在在的数据而不是通过猜想调整健身程序。每页日记包括一套锻炼方法。

左上角是关于健身的基础信息，包括开始健身的时间和结束健身的时间。记录完成健身的时间便于直观了解健身的效率。例如，如果目的是减肥，健身时间越短越好。假如完成了全部计划，但是耗时过长，说明您可能在健身时与别人交谈过多，在浪费时间。

右上角用于填写体重、脂肪百分量和锻炼程度。对于很多想减肥的人来说，可以定期绘制体重图，特别是想要减掉约 4.5 千克以上者，绘制体重图更利于坚持目标。记住，通过锻炼可以获得肌肉（这是好事，使身体紧致，气色得以改善，代谢加快），肌肉比脂肪重。另外，激素水平的波动会引起暂时水肿。因此，如果有几天体重不变或者增加不必担心。只要坚持，身体状态会改变，身体状态的改变才是最需要考虑的因素。测量体脂可以更形象地展示身体成分，但您需要认识擅长用卷尺分析人体成分的专家；您也可以购买生物电阻抗显示器（BEI）来进行测量，但仪器精确度不高会导致读数不稳定。如果您有测量体脂的方法，笔者建议一周测量一次。笔者建议用 1~10 评估锻炼程度，1 代表做动作很轻松，3 代表做动作比较容易，8 代表做动作比较费劲，10 代表用尽全力做动作。

接下来，可以在健身日记里绘制一个表格，用以记录力量锻炼。填写动作的名字，相应的重量和每组动作的次数。虽然表格有四组锻炼的空格，但不意味着每次锻炼需要做四组运动。应该在本书给出的锻炼范围内锻炼。

在表格下面记录任何与力量锻炼有关的内容。可以记录锻炼中的感受，是否有外界干扰影响锻炼能力，为下一次锻炼做准备。在回顾多周健身效果时，这些日记将是很有价值的参考，有助于发现锻炼中存在的问题。

力量锻炼

锻炼动作	组 1 重量（千克）/ 次数	组 2 重量（千克）/ 次数	组 3 重量（千克）/ 次数	组 4 重量（千克）/ 次数
卷腹大型组	体重（千克）/15	体重（千克）/15	体重（千克）/15	
反向卷腹大型组	体重（千克）/15	体重（千克）/15	体重（千克）/15	
反向转体	体重（千克）/15	体重（千克）/15	体重（千克）/15	

力量锻炼笔记：好好锻炼，做最后一组是真的有酸痛的感觉！卷腹有点容易！下次增加 2 千克哑铃的重量。

接下来是有氧运动的表格。记录运动方式、等级（如果可以的话）、时间和距离。同时可以记录三种不同的有氧运动。同样，这也不意味着必须进行三种有氧运动。

在有氧运动表格下面记录任何与其有关的内容。

最后是“其他”内容，是对整个锻炼的总结。可以在这里记录饮食情况（如没有吃饭、低卡路里饮食等）、睡眠情况或者其他与锻炼有关的信息。

健身日记的空白模板在第212页，第214~216页是三天填写完整的健身日记示例。示例显示的是塑形计划的实施，在锻炼的所有阶段都可使用日记。

每月都应翻阅一下日记。不管是在锻炼的哪个阶段，翻阅之前的日记都有助于了解自己是否已经准备好可以进入下一阶段。如果是在针对性塑形阶段，翻阅日记可以帮助您决定是否需要改变锻炼方式（如分化锻炼、增减锻炼组数等）。

体格评估表

体格评估表把身体作为一个整体对每一部位肌肉进行评估。客观地评估输入的数据，可以发现需要改进的地方，进而可以通过修改计划来不断提高。

表格上方输入数据，包括近期体重和最近的体脂百分比。如前所述，如果您不知道如何用卷尺分析身体成分，需要购买 BEI 测量体脂。

下面是如何用标准的卷尺测量每个身体部位。把最新数据跟先前的进行比较以检查是否达到预期目标。所有测量应该在身体放松的情况下进行。

- 手臂：测量上臂的中间点（分别测左侧和右侧）。
- 胸部：测量腋窝以下的胸围。
- 腰部：测量腰部最细的位置。
- 腹部：测量腹部最宽的位置，通常与肚脐平齐。
- 臀部：测量臀部最宽的位置。
- 大腿：测量臀部下面褶皱处（分别测左侧和右侧）。
- 小腿：测量小腿最宽的位置（分别测左侧和右侧）。

接下来，评估每一部位的肌肉。可按照您的理想来评估每块肌肉，包括肌肉的大小、形状和界线，不仅要单独评估，还要与其他肌肉相比较。

最后，记下锻炼策略，要包括对落后肌肉的锻炼计划。例如，如果对脊柱周围肌肉锻炼不够，可以加入针对菱形肌和斜方肌中部肌束的划船运动。如果您觉得你的腘绳肌落后于股四头肌，可以优先锻炼大腿。如果您认为相对于肱三头肌，有必要增加肱二头肌的大小，在锻炼肱二头肌的计划中可以采用减少组数和休息间歇时间的方法，每组 8~10 次，组与组之间休息时间约为 60 秒（一种增肌的方法）。

塑形评估表的空白模板在第 216 页，第 217 页是填写完整的示例。每 2~3 个月翻阅一下表格，这样才有足够时间观察到身体的变化。

客观地评估、用本书的塑形原则来达到目标很关键。记住，您的塑形目标最终取决于您想让自己看起来是什么样，在这一点上，没人能左右得了您自己的意见。

健身日记空白模板

日期：　　　　　　　　　　体重：

开始时间：　　　　　　　　体脂：

结束时间：　　　　　　　　锻炼程度：

力量锻炼

锻炼动作	组 1 重量（千克）/ 次数	组 2 重量（千克）/ 次数	组 3 重量（千克）/ 次数	组 4 重量（千克）/ 次数

力量锻炼笔记：

有氧运动

锻炼方式	等级	时间	距离

有氧运动笔记：

其他：

健身日记示例

日期：7 月 14 日　　　　体重：55.79 千克

开始时间：下午 1: 30　　　　体脂：19%

结束时间：下午 2: 55　　　　锻炼程度：5

力量锻炼

锻炼动作	组 1 重量（千克）/ 次数	组 2 重量（千克）/ 次数	组 3 重量（千克）/ 次数	组 4 重量（千克）/ 次数
高拉机前方下拉	27/14	22.5/15	20.3/13	
坐式划船	22.5/16	22.5/13	18/14	
仰卧屈臂上拉	11.3/15	9/16	9/14	
上斜推胸	9/14	6.8/15	6.8/13	
平板哑铃飞鸟	5.4/17	5.4/15	4.5/17	
蝴蝶机扩胸	9/16	9/15	6.8/16	
跪式绳索下拉卷腹	36/17	36/14	31.5/18	
反向卷腹	体重（千克）/17	体重（千克）/14	体重（千克）/12	

力量锻炼笔记：不能按照计划强度进行。力量不够，背部特别僵硬，胸部锻炼时有点疼痛。别的一切都好，只有这几天感到有点吃力。

有氧运动

锻炼方式	等级	时间	距离
跑步	6.4~8.8 千米 / 时	12 分钟	1.6 千米
骑车	5 挡	28 分钟	7 千米

有氧运动笔记：跑步时觉得有点疼痛，因而去骑自行车。低强度锻炼并且增加距离。

其他：没有睡好，整晚失眠。轻微头痛，比平常虚弱。我想这几天我需要增加饮食以补充更多的能量。

健身日记示例

日期：7 月 16 日
开始时间：上午 10: 50
结束时间：上午 11: 30

体重：56.25 千克
体脂：19%
锻炼程度：10

力量锻炼

锻炼动作	组 1 重量（千克）/ 次数	组 2 重量（千克）/ 次数	组 3 重量（千克）/ 次数	组 4 重量（千克）/ 次数
深蹲大型组	42.8/17	42.8/15	42.8/13	
挺髋蹲大型组	体重（千克）/16	体重（千克）/13	体重（千克）/11	
前冲弓步	3.6/19	3.6/17	3.6/15	
早安式体前屈	38.3/10	38.3/7	33.8/9	
俯卧腿弯举	27/8	24.8/10	24.8/9	
器械分腿	33.8/12	33.8/9		
站式提踵	18/15	18/13	15.8/17	15.8/14
坐式提踵	22.5/16	22.5/13	18/18	

力量锻炼笔记：很棒的锻炼，自己很努力。精力很集中，锻炼时精神和肌肉结合完美。减少了腘绳肌的锻炼组数，其看上去与股四头肌的线条更协调。

有氧运动

锻炼方式	等级	时间	距离
阶梯机锻炼		30 分钟	

有氧运动笔记：间歇锻炼。3 分钟热身运动，高强度和低强度的运动比例是 1:1。出汗的感觉很棒。

其他：尽量每次锻炼都像这次。

健身日记示例

日期：7 月 18 日　　　　体重：55.34 千克

开始时间：上午 6: 35　　　　体脂：19%

结束时间：上午 7: 20　　　　锻炼强度：8

力量锻炼

锻炼动作	组 1 重量（千克）/ 次数	组 2 重量（千克）/ 次数	组 3 重量（千克）/ 次数	组 4 重量（千克）/ 次数
阿诺德推举超级组	5.4/17	5.4/14	4.5/16	
侧平举	2.3/18	2.3/16	2.3/15	
俯身侧平举	3.6/14	2.3/18	2.3/16	
肱三头肌屈伸	体重 /19	体重 /16	体重 /13	
单臂仰卧哑铃肱三头肌屈伸	4.5/17	4.5/16	4.5/15	
双臂过顶哑铃伸展	6.8/19	6.8/15		
哑铃锤式弯举	5.4/16	5.4/13	4.5/17	
上斜哑铃弯举	4.5/16	4.5/14		
单臂哑铃弯举	4.5/17	4.5/15		

力量锻炼笔记：肩部锻炼很棒，在超级组锻炼时有烧灼感。在肱三头肌屈伸时觉得有些累。第一次做上斜哑铃弯举，完全刺激到了肌肉。

有氧运动

锻炼方式	等级	时间	距离
跳绳		20 分钟	

有氧运动笔记：采用了不同的方式跳绳。以后要经常跳绳。心率加速很平稳。以前没有这样锻炼过，真的感觉消耗了卡路里。

其他：今天没有保姆，不得不在家锻炼。锻炼方式有限，力量锻炼少了，有氧运动多了。

塑形评估

日期：________________

体重：________________

体脂：________________

身体测量

手臂：右　　左________________

胸部：________________

腰部：________________

腹部：________________

臀部：________________

大腿：右　　左________________

小腿：右　　左________________

肌肉评估

胸部：____

背部：____

肩膀：____

肱二头肌：____

肱三头肌：____

股四头肌：____

腘绳肌和臀肌：____

小腿：____

腹肌：____

锻炼策略

____

____

____

____

____

塑形评估示例

日期：7 月 21 日
体重：54 千克
体脂：18%

身体测量

手臂：右 24.1 厘米　左 24.8 厘米
胸部：83.8 厘米
腰部：68.6 厘米
腹部：73.7 厘米
臀部：87.6 厘米
大腿：右 51.4 厘米　左 52.1 厘米
小腿：右 33 厘米　左 33.7 厘米

肌肉评估

胸部：胸上部比胸中部弱。
背部：背部两侧很好，但中部细节不够精致。
肩膀：形状不好，看起来很窄。
肱二头肌：过于强壮，无须再多锻炼。
肱三头肌：锻炼细节，尤其是手臂下部。
股四头肌：形状好，但是过于强壮，无须再多锻炼。
腘绳肌和臀肌 : 相对于股四头肌，腘绳肌和臀肌比较薄弱。
小腿：看起来很好。
腹肌：腹肌清晰，但是腰部短粗。

锻炼策略

1. 通过增加侧平举锻炼来增加三角肌宽度，使视觉上斜方肌变小，腰部变细。
2. 对背中部的锻炼：增加划船锻炼次数。
3. 在锻炼计划中重点锻炼腘绳肌和臀肌，并逐渐增加锻炼重量。
4. 强健胸上部：多进行上斜推胸等练习。
5. 对肱三头肌细节的锻炼（特别是下部）：多进行过顶伸展的练习，逐渐增加重量。
6. 缩减对股四头肌和肱二头肌的锻炼。把对它们的锻炼放在计划的最后，锻炼以高组数、低强度为宜。

词　汇

有氧运动：是一种需要机体持续为肌肉补充氧气的运动，是低度至中度耐力运动。有氧运动可消耗脂肪和糖原。

无氧运动：是一种肌肉消耗氧气快于机体补充氧气的运动。无氧运动强度大、持续时间短。腺苷三磷酸和糖原是主要能量来源。

杠铃：长杆，通常长约 1.8 米，杠铃末端可以调整重量。奥林匹克杠铃重约 20 千克，是行业标准。

长凳：是一种可以坐着或者躺下锻炼的装置。很多长凳可以调节以便在不同角度进行锻炼。

塑形：塑造肌肉以达到最佳比例。

循环锻炼：按次序设置一系列仪器。一个接一个地锻炼，每个锻炼针对不同的肌肉。

夹子：可以将重量板固定到杠铃或者哑铃上。

复合运动：锻炼两种以上关节的运动，包括深蹲、卧推和引体向上。

收缩：肌肉变短。

哑铃：杠铃的缩小版，通常长约 0.3 米，能单手锻炼。

锻炼：能加强肌肉功能的运动。

曲杠杆：中间折弯的杠铃，用于减轻手腕的压力。

失败：锻炼者不能再次重复某个动作。

灵活性：关节、肌肉和结缔组织在规定的运动范围内很灵活。

形式：用于健身的生物力学技术。

自由调节重量：可自由选择重量的健身器材，如杠铃和哑铃。

大型组：由三种或以上动作组成，锻炼中间不休息。

增大：肌肉块变大。

强度：一组锻炼所花费的力量。

孤立运动：只锻炼一个关节的运动，包括拉力器夹胸、双腿伸展等。

杠铃片：扁圆形的能被放在杠铃和哑铃末端的重量。

泵：由于剧烈的无氧运动血液汇集在运动肌肉处。

抗力：锻炼时用到的力量总和。

休息间歇：组与组之间的休息时间。

计划：锻炼时，运动方式、组和次数的配置。

超级组：由两种动作组成，锻炼中间不休息。

匀称：肌肉之间互相补充创造一个比例恰好的体形。

睾酮：促进肌肉生长的激素。

动作查询表

续表

动作名称	器械	哑铃 / 杠铃	拉力绳 / 健身球	体重	页码
仰卧屈臂上拉（dumbbell pullover）		√			66
卧式滑轮拉举（lying cable pullover）	√				67
肩膀（shoulders）					
哑铃前平举（front dumbbell raise）		√			72
阿诺德推举（arnold press）		√			73
哑铃推举（dumbbell shoulder press）		√			74
器械肩膀推举（machine shoulder press）	√				75
颈前推举（military press）		√			76
哑铃侧平举（dumbbell lateral raise）		√			77
拉力器侧平举（cable lateral raise）	√		√		78
拉力器立正划船（cable upright row） 选择：拉力绳立正划船（strength band upright row）	√		√		79
器械侧平举（machine lateral raise）	√				80
哑铃立正划船（dumbbell upright row）		√			81
俯身侧平举（bent lateral raise）		√			82
俯身拉力器侧平举（cable bent lateral raise）	√		√		83
器械三角肌侧平举（machine rear lateral raise）	√				84
俯身哑铃侧平举（bench rear lateral raise）		√			85
肱二头肌（biceps）					
站姿曲杠铃弯举（standing EZ curl）		√			90
21 步曲杠铃弯举（21s with EZ-curl bar）		√			91
坐姿哑铃弯举（seated dumbbell curl）		√			92
拉力器弯举（cable curl）	√				93
上斜哑铃弯举（incline curl）		√			94
斜托杠铃弯举（preacher curl）		√			95
单臂斜托哑铃弯举（one-arm dumbbell preacher curl）		√			96
单臂哑铃弯举（concentration curl）		√			97
俯卧上斜弯举（prone incline curl）		√			98
哑铃锤式弯举（hammer curl）		√			99

续表

动作名称	器械	哑铃 / 杠铃	拉力绳 / 健身球	体重	页码
拉力绳锤式弯举（cable-rope hammer curl）	√		√		100
器械锤式弯举（machine hammer curl）	√				101
仰卧哑铃锤式弯举（incline hammer curl）		√			102
肱三头肌（triceps）					
双臂过顶哑铃伸展（two-arm overhead dumbbell extension）		√			107
器械过顶伸展（machine overhead extension）	√				108
单臂过顶哑铃伸展（one-arm overhead dumbbell extension）		√			109
双臂过顶拉力绳伸展（two-arm overhead cable extension）	√				110
过顶绳索伸展（overhead rope extension）	√		√		111
肱三头肌下压（triceps press-down）	√				112
单臂反向下压（one-arm reverse press-down）	√		√		113
窄握卧推（close-grip bench press）		√			114
俯身哑铃臂屈伸（dumbbell kickback）		√			115
拉力绳臂屈伸（cable kickback）	√				116
肱三头肌撑体（triceps dip）				√	117
凳上反屈伸（cross-bench dip）				√	118
肱三头肌器械屈伸（triceps machine dip）	√				119
“碎鼻者”（nosebreaker）		√			120
单臂仰卧哑铃肱三头肌伸展（one-arm lying dumbbell triceps extension）		√			121
双臂仰卧哑铃肱三头肌伸展（two-arm lying dumbbell triceps extension）		√			122
仰卧拉力绳肱三头肌伸展（lying cable triceps extension）	√				123
股四头肌（quadriceps）					
腿部蹬举（leg press）	√				128
深蹲（squat）		√			129
杠铃颈前深蹲（front squat）		√			130
后拉深蹲（hack squat）	√				131
弓步（lunge）		√			132
前冲弓步（walking lunge）		√			133

续表

动作名称	器械	哑铃 / 杠铃	拉力绳 / 健身球	体重	页码
跳跃下蹲（jump squat）				√	134
双腿伸展（leg extension）	√				135
单腿伸展（one–leg extension）	√				136
前踢腿（front kick）	√			√	137
挺髋蹲（sissy squat）				√	138
侧弓步（side lunge）		√			139
器械夹腿（machine adduction）	√				140
卧姿夹腿（lying adduction）				√	141
滑轮牵拉夹腿（adductor cable pull）	√		√		142
腘绳肌和臀肌（hamstrings/glutes）					
臀部冲击（butt blaster）	√				147
俯身挺背（hyperextension）	√				148
反向腹背训练（reverse hyperextension）				√	149
滑轮后踢腿（cable back kick）	√				150
早安式体前屈（good morning）		√			151
直腿硬拉（stiff–legged dead lift）		√			152
俯卧腿弯举（lying leg curl）	√			√	153
坐姿腿弯举（seated leg curl）	√				154
跪式腿弯举（kneeling leg curl）	√				155
站式腿弯举（standing cable leg curl）	√		√		156
器械分腿（machine abduction）	√				157
腿外展（cable abductor pull）	√		√		158
站式分腿（standing abduction）				√	159
侧卧分腿（lying abduction）				√	160
小腿（calves）					
器械负重提踵（machine toe press）	√				164
驴式提踵（donkey calf raise）	√				165
负重提踵（toe press）	√				166
站式提踵（standing calf raise）	√	√			167
单腿站式提踵（one–leg standing calf raise）	√	√			168

续表

动作名称	器械	哑铃 / 杠铃	拉力绳 / 健身球	体重	页码
坐式提踵（seated calf raise） 选择：条凳坐式提踵（seated calf raise on bench）	√ 	 √			169
单腿坐式提踵（one-leg seated calf raise）	√	√			170
屈腿负重提踵（bent-leg toe press）	√				171
腹肌（abdominals）					
卷腹（crunch）				√	176
器械卷腹（machine Crunch）	√				177
跪式绳索下拉卷腹（rope crunch）	√				178
坐式绳索下拉卷腹（seated rope crunch）	√				179
碰触脚尖（toe touch） 选择：哑铃触脚（toe touch with dumbbell）		 √		√ 	180
反向卷腹（reverse crunch）				√	181
仰卧腿举（bench leg raise）				√	182
吊杠提膝（hanging knee raise） 选择：腹肌训练椅吊杠提膝（hanging knee raise in abdominal chair）	 √			√ 	183
控腿（leg lowering）				√	184
侧向扭腰（side twist）		√			185
仰卧转体（twisting crunch）				√	186
吊杠转体提腿（twisting, hanging leg raise）				√	187
折刀式（jackknife）				√	188
反向转体（reverse trunk twist）				√	189

作者简介

布拉德·舍恩菲尔德（Brad Schoenfeld） 美国体能教练，美国著名健身专家。他是畅销书 *Look Great Naked*（Prentice Hall 出版）、*Look Great Sleeveless*（Prentice Hall 出版）、*Great at Any Age*（Penguin/Putnam 出版社出版）的作者。同时，他录制了 *Look Great Naked* 系列视频。视频包括腹部、臀部和大腿三方面的锻炼。舍恩菲尔德还是很多杂志 [包括《时尚》（*Cosmopolitan*）、《悦己》（*Self*）、《嘉人》（*Marie Claire*）、《健身》（*Fitness*）、《塑形》（*Shape*）等] 的封面人物，经常做客美国各大电视节目和广播电台。舍恩菲尔德已取得肌力和体能训练专家的资质（由美国肌力和体能训练协会认证）、私人教练资质（由美国运动协会、美国有氧运动和健身协会认证），被国际健身专业协会誉为杰出专家，是职业教练和健身者讲师。舍恩菲尔德住在纽约。

主译简介

王会儒　上海交通大学教授、体育系副主任、硕士生导师。主要从事太极拳、瑜伽、武术等民族传统体育与健康促进的研究工作。

他于2014年在上海体育学院获得教育学博士学位，是上海市精品课程“瑜伽与健康”责任人。2005年，他被公派至印度进修瑜伽，获得印度政府颁发的瑜伽教练员证书；2013年至2014年，赴芬兰于韦斯屈莱大学访问学习。他编写了学术著作《强直性脊柱炎的功能锻炼》，精品课程教材《瑜伽与健康》，教学片《风湿免疫疾病功能锻炼之太极篇》，科普著作《活力十分钟——新编办公室工间操》《体育生活20招》等，这些著作均已出版；在《中华物理与康复医学杂志》《中国运动医学杂志》《中国康复医学杂志》及 *Evidence-Based Complementary and Alternative Medicine*（SCI期刊）等国内外核心期刊发表多篇学术论文。

王会儒受邀担任上海交通大学安泰管理学院MBA国际班、总裁班的太极拳与养生、茶道与养生课程主讲嘉宾；为陶氏化工、上海贝尔－阿尔卡特等公司主讲瑜伽、传统养生锻炼等；在上海有线电视台《卫生健康》《金色》栏目演示自己编创的“健身五禽戏”“都市太极养生操”“晚间能量修复瑜伽”“晨练舒展操”等节目，连续播放达3年之久，广受好评。